Nos tendres années...

avec

SYLVIE VARTAN

Sous la direction de
Liliane BOYER et Claudine LEVANNEUR

Avec
Pascale SCHEMBRI, Véronique SPINOSI, Nicolle THIBAULT,
Paul BOSSOT, Jean de COCK, Christian DROUIN,
Jean-Claude GAYAUD, Serge GENILLIER, Édouard GONZALEZ,
Philippe GUINET, Jacques MY, Michel PANO, Gérald PORCHER

Été 1961

Paris : une jeune fille à la voix acidulée entre à pas feutrés dans le monde de la chanson. Cette “Panne d’essence” l’emmènera sur des chemins qu’elle ne soupçonne pas, elle a dix-sept ans. “On n’est pas sérieux quand on a dix-sept ans” disait Arthur Rimbaud… eh bien, erreur ! Sérieuse, elle l’est. La suite de son aventure dans le monde du music-hall le prouvera à maintes reprises.

Cette même année, **ÉDOUARD** naît dans une famille de l’Allier ou il y a déjà deux grandes sœurs. Par quel hasard la jeune fille autrefois acidulée, devenue une vedette adulée et ce petit garçon, vont-ils être amenés à se rencontrer trente-huit ans plus tard, au bout du monde ?

SERGE, lui, habite dans le centre de la France, c’est déjà un petit garçon de 11 ans.
Ce 29 septembre 1961, dans l’appartement familial de Riom, sur le téléviseur noir et blanc, je peux enfin mettre un visage sur cette voix qui depuis plusieurs mois déjà susurre “Je rentre à la maison, je connais les garçons” à celui qui vient de lui faire le coup de la panne sur l’électrophone de son frère aîné.

Discorama est la première émission de télévision à laquelle participe cette jeune chanteuse nommée Sylvie Vartan. Elle a enregistré quelques mois plus tôt “Panne d’essence” et mon frère, qui à 15 ans, s’est entiché de cette fille à peine plus âgée que lui.

Je la trouve jolie, mais elle n’est pas comme je l’avais imaginée. Elle a l’air si timide. Denise Glaser qui n’a pas son pareil pour faire parler les silences arrivera à faire de ce moment de télévision quelque chose d’unique. Un document qui restera gravé de façon indélébile dans le parcours professionnel et artistique de celle qui va devenir de façon fulgurante une égérie, la figure de proue d'un bateau qui va naviguer sur les vagues yé-yés, passer des mers calmes aux océans déchaînés. Elle saura, aussi, éviter les écueils et ne fera jamais naufrage.

Sylvie Vartan! Voilà, j'ai vu maintenant qui est cette jeune fille qui fait battre le cœur de mon grand frère et qui fera battre le mien encore plus fort et encore plus longtemps. Dès lors, je vais devenir moi aussi un admirateur inconditionnel de celle qui va enchaîner les succès avec une facilité déconcertante.

"Quand le film est triste" sortira quelques mois plus tard, puis ce sera "Le locomotion", "Tous mes copains"... A propos de copains, c'est à cette époque qu'est créé le magazine "Salut les copains", véritable "Bible" de la vague yé-yé et c'est dans ce magazine que mon frère découpe méticuleusement toutes les photos et tous les posters de Sylvie Vartan.

Photos que je verrai bientôt tapisser les murs de sa chambre inexorablement, jusqu'à recouvrir entièrement le papier peint.

Il est bien évident que nous achetons tous les deux les disques de Sylvie au fur et à mesure de leur sortie. Cette chasse aux vinyles deviendra bientôt une compétition entre nous et c'est moi qui en sortirai vainqueur.

Je possède aujourd'hui, après plus de quarante ans, une collection impressionnante: 45 tours originaux, albums, tous dans un état impeccable et que je conserve comme autant de trésors.

Mon histoire avec Sylvie est à son balbutiement et je crois volontiers que je ne suis pas le seul. Je suis sûr que nous sommes des milliers de jeunes, jeunes des villes ou jeunes des champs, à vivre ce même engouement.

1962

LILY en témoigne.

Il n'est pas difficile de se souvenir d'une époque où d'un fait précis qui marque votre vie, le plus délicat reste à décrire. Une période importante avec tout ce que cela comporte et suppose en émotions, innocence et pureté ; et que les années ont bien voulu préserver dans notre mémoire.

Vous avez toujours quelqu'un qui a entendu, lu ou vu avant vous une information que vous rêvez d'avoir et qui par vantardise s'amuse à vous faire "languir". Et là manifestement, avant de nous donner son scoop, il nous faut attendre et l'écouter.

Nous sommes en 1962 et nos grandes discussions dans la cour de récréation tournent autour du raz de marée que provoque cette musique un peu folle, appelée Rock and Roll et plus vulgairement nommée par une certaine presse "la musique yé-yé". Cette nouvelle musique ne fait pas l'unanimité, c'est le moins que l'on puisse dire, mais elle tranche radicalement avec ce que l'on entendait auparavant avec Édith Piaf, Tino Rossi, Charles Trenet ou encore Dalida, qui changera de style plus tard.

Je suis tombée facilement dans la marmite des "yé-yé" avec mon frère Alain âgé de 15 ans à l'époque, et qui imite à la perfection dans son déhanchement Johnny Hallyday. J'ai également ma sœur Nicole, l'aînée de mes frères et sœurs - qui ne jure que par Johnny - déjà "l'Idole des jeunes".

Nous n'avons pas encore d'électrophone à la maison, mais

Nicole s'est vue offrir par un copain un 45 tours de Johnny. Elle le garde précieusement et religieusement en attendant l'arrivée prochaine d'un tourne disques.
Je suis la plus jeune, et du haut de mes 13 ans cet engouement me plaît. De toute façon, difficile d'y échapper car tout le monde en parle : jeunes, radios, journaux. Et même, si je suis d'un peu plus loin cette nouvelle vague, je comprends très vite que le tempo a changé.

Et c'est comme ça qu'un jour dans cette cour de récréation, une fille un peu plus âgée que nous, nous parle d'un certain Elvis Presley dont elle a tous les disques alors que nous, nous lui parlons de Johnny Hallyday. Puis elle lance à la cantonade - pratiquement sûre et certaine de son effet - avoir croisé pas très loin de chez elle une nouvelle chanteuse française appelée Sylvie Vartan !

- Ah bon ?
- Mais où, de quel côté ?
- Près de la Nation
Ce fut sa seule réponse ! Et c'est tout ce qu'elle voudra bien nous dire ce jour-là, entre deux cours et heureuse de son effet.

L'information est "de taille" pour Marie-Josée et moi, car si cette jeune camarade d'école ne connaît pas très bien cette nouvelle chanteuse, nous, nous en connaissons déjà beaucoup sur elle, grâce aux journaux mais surtout avec Salut les copains, l'émission culte des jeunes, diffusée sur Europe 1.

En 1962 nous avons déjà - et depuis plusieurs années - la télévision, mais nous écoutons encore très souvent la radio. Nous ne manquons pour rien au monde l'émission phare de Daniel Filipacchi chaque jour à 17 heures sur Europe 1. Ce qui provoque d'ailleurs pas mal de discussions avec nos parents qui ne comprennent pas que l'on puisse faire nos devoirs tout en écoutant la radio !

Nous ne voulons pas nous montrer impatientes et curieuses avec notre camarade de classe, mais nous restons dans l'expectative de notre future conversation et surtout avec l'espoir que dès demain nous pourrons approcher Sylvie Vartan.

Nous ne ressentons, déjà, aucune barrière entre Sylvie et nous. Elle est un peu plus âgée mais en même temps elle a l'âge d'une grande sœur. Elle paraît également très accessible à l'écoute des interviews et elle pratique un langage proche du nôtre.

De fil en aiguille et sans paraître hystériques nous obtenons, non pas l'adresse exacte, mais au moins le nom de la rue où a eu lieu la fameuse rencontre.

Nous enregistrons l'information sans excitation car comme toutes rumeurs il nous manque les preuves.

Nous connaissons bien le quartier car notre école se situe à deux rues de la Place de la Nation.

Notre amie a rencontré Sylvie avenue Daumesnil, de l'autre côté de l'avenue du Trône, avenue qui reçoit tous les ans durant plusieurs semaines la Foire du Trône, laquelle aujourd'hui est domiciliée dans le bois de Vincennes.

A nous maintenant de trouver l'aiguille dans la botte de foin. C'est en quelque sorte un immense jeu de piste que nous mettons en place et qui nous rend un peu "fofolles" ! Mais bon, à 13 ans, cela est permis et encore de notre âge. Nous avons déjà en poche les renseignements de cette amie de classe et par la presse la confirmation que Sylvie Vartan habite effectivement près de la place de la Nation (à Paris).

Je ne sais plus exactement comment on est arrivé à l'avenue Michel Bizot puis à la rue Louis Braille. Mais étant donné notre détermination mêlée à des crises de fous rires et à notre imagination débordante, nous ne mettons pas très longtemps à trouver cette adresse.

Je n'ai pas gardé un souvenir impérissable de la première fois ou nous avons osé frapper à la porte de Monsieur et Madame Vartan. Mais je me souviens d'être passée plusieurs fois devant cet immeuble situé à l'angle de la rue Louis-Braille et de l'avenue Michel-Bizot en essayant de deviner la fenêtre de la chambre de Sylvie.

Ce qui me reste en mémoire aujourd'hui c'est quand, pour la première fois, cette porte s'est ouverte et ce face à face avec la maman de Sylvie. Son visage est doux et souriant, ce qui nous a tout de suite rassurés sur le bien fondé de notre entreprise. Elle nous a gentiment écoutés balbutier notre admiration pour sa fille tout en acceptant de prendre "en dépôt" nos classeurs déjà remplis de photos découpées dans les magazines comme Jours de France, Elle ou Salut les copains, pour quelques dédicaces.

Cette presse nous permet de mieux connaître Sylvie mais aussi de mieux visualiser notre chanteuse préférée.

Tous les moyens d'acquisition de ses journaux sont bons pour moi car je ne veux rater aucune parution de tel ou tel journal qui parle de Sylvie, surtout si elle fait la première de couverture.

L'argent de poche n'est pas chose courante à la maison, c'est donc à l'insu de mes parents que je récupère régulièrement la consigne des bouteilles de verre (lait, vin, etc.) pour acheter mes revues.

Première visite, première rencontre avec Madame Vartan, Sylvie n'est pas là, tant mieux car nous étions très intimidées et aussi très énervées intérieurement.

Madame Vartan a quand même pris nos classeurs en nous demandant de revenir dans quelques jours.

C'est ainsi que nous avons durant des semaines, des mois, rendu visite à Madame Vartan, même en l'absence de Sylvie.

Rares sont nos visites où Madame Vartan ne nous fait pas entrer dans l'appartement. Je ne peux pas aujourd'hui le décrire avec précision mais je me souviens d'y être bien, dans un cadre simple mais chaleureux. Je ne l'ai jamais visité mais je devine l'emplacement de la chambre de Sylvie par les nombreuses peluches aperçues dans une chambre qui fait face au salon.

Je me rends bien compte aujourd'hui combien Madame Vartan a été patiente et gentille avec nous. Car, si bien des années plus tard, nous attendions sagement la sortie de Sylvie au pied de son immeuble (à Neuilly cette fois), jamais nous n'avons trouvé porte close quand elle habitait chez ses parents.

Nous sommes toujours allées directement sonner à la porte, et toujours cette porte s'est ouverte avec le même sourire.

J'ai encore cette vision très forte du soir où Madame Vartan appelle Sylvie - qui est en plein essayage d'une robe ou d'un tailleur, je ne sais plus, mais le vêtement qu'elle porte est marqué par de grands fils à bâtir -. Elle est arrivée face à nous, souriante et timide dans ce vêtement à peine terminé pour nous saluer et nous dire quelques mots gentils.

Et ce soir-là je m'en souviens comme si c'était hier...

Nous savons que Sylvie est à Paris, il est donc impensable pour nous de ne pas profiter de cette occasion, mais l'interdiction parentale plane au-dessus de nous, impossible de sortir après 19 heures.

C'est encore l'ambiance d'une journée d'été où le ciel tarde à plonger la ville dans l'obscurité.
J'ai la tête ailleurs, dans ma chambre fenêtres ouvertes j'écoute un disque de Sylvie - probablement "Tous mes copains" titre que j'adore - et je sais qu'elle se trouve chez elle, là, à 5 minutes d'ici.
C'est fou quand j'y pense!

Est-ce le fait d'avoir pensé si fort à m'échapper quelques heures de chez moi, que mon père vers 19 h 30 déclare qu'il n'y a plus de sucre pour le petit-déjeuner du lendemain.

C'est une aubaine inespérée et ma proposition de rendre service me donne des ailes, sans toutefois oublier de prendre au vol ma meilleure amie qui habite l'immeuble voisin.

Sylvie habite à l'opposé de l'épicerie, et même si cela n'est pas loin, il nous faut un certain temps pour aller et revenir à la maison.

La suite fera que cette soirée est gravée à jamais dans mon cœur même si elle s'est mal terminée pour moi.

Une seule direction pour nous, le cours de Vincennes puis l'avenue Michel Bizot, et au bout, deux étages et une porte. On sonne, on sonne pas? Si, on sonne. Vas y, toi!

La porte s'ouvre et c'est Madame Vartan qui se trouve derrière la porte un peu surprise de nous voir à cette heure avancée de la journée mais elle appelle quand même Sylvie.

En 1963, la popularité de Sylvie est considérable, à la fois adulée par une vague de jeunes gens qui se reconnaissent à travers cette nouvelle musique et de l'autre côté une tripotée de critiques qui voit en elle "cette pauvre petite collégienne du twist" dont les paroles de ses chansons sont incompréhensibles et qui tient son micro devant la bouche tel un sucre d'orge!

22 juin 1963

On devient pour eux une génération incompréhensible dans ses choix musicaux et qui, en plus, trouve le moyen en un clin d'œil, de se rassembler pour une nuit qui restera, pour ceux qui l'on vécue, le début d'une certaine "émancipation culturelle" avec comme cri unanime "nous sommes là, heureux d'être là, et bien vivants".

Elle fait pourtant couler beaucoup d'encre cette nuit de la Nation, car sans aucune publicité, juste quelques "spots" dans l'émission de Salut les copains et le tout Paris des jeunes branchés se retrouve le 22 juin 1963 face au podium installé entre les deux colonnes de la Nation.

J'habite à deux pas du cours de Vincennes, rue des Maraîchers et presqu'en face de l'entrée du lycée Hélène-Boucher. On ne pouvait rêver mieux comme emplacement pour suivre cette grande nuit de la Nation.

Dès la fin de l'après midi, les jeunes arrivent par groupes et envahissent l'avenue du Trône ainsi que cette grande et large avenue qu'est le Cours de Vincennes.

Je n'ai pas l'autorisation de rester longtemps, trop jeune me disent mes parents. Mais le temps pour moi de constater qu'au fur et à mesure des heures qui passent, le moment sera important dans l'avenir, par la présence d'une jeunesse qui veut être reconnue dans ses choix musicaux ou par de jeunes adultes tout simplement heureux de vivre ensemble cet événement.

Les jeunes sont tellement nombreux que certains sont déjà et pour des heures - sûrement - juchés dans les arbres, lam-

padaires ou tous autres endroits leur permettant d'apercevoir la scène.
Pour moi, la nuit de la Nation, je la passe dans ma chambre, mais fenêtres ouvertes.

J'entends au loin la musique et les clameurs des jeunes, ce qui me laisse un goût amer, et quelque peu frustrée d'être ici plutôt que là-bas.

Le lendemain, mon frère Alain me racontera que beaucoup de jeunes ont été un peu énervés et agacés de l'arrivée tardive de Sylvie et Johnny. Si bien que les chanteurs prévus en début et milieu de soirée seront parfois mal accueillis à leur arrivée sur scène.

Mais revenons à ce fameux soir ou nous sommes face à Sylvie qui se trouve en plein essayage. Elle est là, souriante devant nous. Elle nous serre la main et paraît beaucoup plus intimidée que nous, (en apparence, car l'état intérieur dans lequel je me trouve est indescriptible). Je sens bien et encore aujourd'hui, le sang me monter à la tête, mes jambes se dérober et mon cœur battre la chamade. Il est évident que Sylvie est très belle, elle exprime par son doux sourire tendresse et chaleur. Sa timidité lui donne ce charme supplémentaire que beaucoup par la suite - je parle toujours d'une certaine presse - ont voulu traduire comme une attitude glaciale ou hautaine, d'un regard froid et inexpressif. Les pauvres !

Je parle souvent de la beauté de Sylvie. C'est vrai qu'elle a le charme naturel d'une jeune fille de son âge mais avec une grâce qui lui est propre.

Beaucoup de jeunes filles veulent l'imiter, comme certaines ont imité Bardot. Sylvie a également provoqué chez beaucoup de filles une mode "à la Vartan".

Il est fréquent de croiser dans les rues une silhouette

presque identique à Sylvie par la coiffure ou les vêtements très “mode”.

Il ne faut pas croire que le port du pantalon des jeunes filles d’aujourd’hui s’est fait naturellement! Oh, non. C’était encore interdit pour le sexe féminin au tout début des années soixante! Et selon moi, Sylvie a contribué à ce changement vestimentaire.

Nous sommes ce soir-là, et à juste titre euphoriques d’avoir probablement réalisé le rêve de beaucoup de jeunes en approchant Sylvie de si près.

C’est donc le cœur léger, dédicaces et kilo de sucre en main que nous reprenons le chemin de la maison.

Combien de temps avons-nous été absentes? Impossible de le dire, le temps s’est arrêté pour nous. Mais c’était sans compter un retour plutôt brutal avec la réalité confirmée par cette “claque” magistrale et la vision de mon père face à moi.

Accompagné de mon frère Alain : il était depuis plus d’une heure à notre recherche et surtout fou d’inquiétude.

L’immense tendresse que nous avions l’un pour l’autre a effacé la rougeur sur ma joue, mais elle reste la seule et unique claque reçue de lui.

Plus tard dans la soirée mon père pris de remords me retrouve dans ma chambre, il regarde les innombrables photos de Sylvie et de Johnny punaisées sur mes quatre murs. Il me dit avec des sanglots dans la voix:

- Mais qu’est-ce que tu as à les admirer comme ça ? C’est si important pour toi?”
Et il finit par me dire: “J’ai eu très peur, mais tu verras toi aussi, un jour tu seras sur une de ces photos. Ah oui!

Une fois sortie de ma chambre j'ai fondu en larmes, pas à cause de cette première claque donnée par mon père, mais par l'intensité et l'émotion de cette soirée : cette soirée partagée entre une chanteuse que j'admire et la tendresse de mon père.

Mes parents ont toujours été jeunes d'esprit et ne nous ont jamais interdit d'écouter la musique que nous aimions et après cette escapade ils connaissent et tolérent maintenant mes allées et venues, pourvu qu'elles restent dans des horaires raisonnables.

Quelques jours plus tard c'est à Madame Vartan que nous faisons face : elle ne veut plus nous voir venir la nuit tombée et nous demande fermement de venir après l'école et pas plus tard.

Lorsque l'on retrace les doux moments de son enfance, c'est souvent à travers les odeurs que les souvenirs remontent à la surface et je me souviens encore de l'odeur que dégagent les cigarettes que fume Madame Vartan.

Elle nous reçoit toujours avec une extrême gentillesse et je crois qu'elle nous aime bien.

Elle devient chaque jour un peu plus notre confidente. Je suis fière de lui montrer mes résultats scolaires et elle trouve souvent le mot juste pour m'encourager.

Le papa de Sylvie est toujours présent lors de nos visites et reste très discret. Il parle peu, mais il est là et sourit parfois lorsque nous parlons un peu trop fort de notre admiration pour Sylvie.

Je crois qu'il est fier que sa fille soit autant admirée et aimée.

Il m'est arrivé plusieurs fois de sortir avec Madame Vartan, de promener "Molière" le chien de Sylvie offert par Claude François et, au détour de l'avenue Daumesnil déguster une glace offerte par Madame Vartan ou de contempler dans l'appartement les nombreuses peluches que les admirateurs envoient à Sylvie.

Mon petit frère Daniel, pas plus haut que trois pommes et de ses quatre ans, est d'ailleurs très intéressé par cette multitude de peluches. Naturellement, Madame Vartan en choisi une et la lui donne. C'est un petit canard tout jaune que Daniel surnommera spontanément "Pioupiou" et qu'il gardera longtemps pour s'endormir sans véritablement comprendre, à l'époque, qui est Sylvie Vartan, mais c'est quand même pour lui un souvenir solidement gravé.

J'ai gardé pour ma part un porte-monnaie appartenant à Sylvie que sa maman m'a donné et qui aujourd'hui se trouve toujours dans mon secrétaire. Le cuir noir est un peu râpé, la monture dorée un peu piquée par le temps et l'odeur du parfum de Sylvie envolé. Mais qu'importe, les souvenirs et les odeurs restent à jamais dans mon cœur.

Madame Vartan suit de très très près la carrière de sa fille. Elle est toujours heureuse de pouvoir nous faire écouter, en avant première, les nouvelles chansons de Sylvie.

En face de la salle à manger il y a une chambre, probablement celle de Sylvie, avec, posé sur une table ou un bureau, ce grand magnétophone à larges bandes qui m'impressionne par sa taille. Je n'en ai jamais vu d'aussi grand.

De mon côté, je viens d'acheter mon premier tourne-disque, un Teppaz.

Alors vous comprendrez que je suis très impressionnée par la taille du magnéto de Sylvie.

J'aime beaucoup écouter parler Madame Vartan, surtout

avec son accent qui fait chanter chaque mot. Je crois que de son côté, nous raconter la “nouvelle vie d’artiste” de sa fille rend l’absence de Sylvie moins pénible pour elle.

C’est vrai qu’il est de plus en plus difficile de rencontrer Sylvie, car son emploi du temps lui impose ses nombreuses absences parisiennes.

Automne 1963, Cours de Vincennes à Paris

Je reviens de courses avec ma mère quand au loin on aperçoit un attroupement devant l’entrée du Lycée Hélène-Boucher. Nous nous approchons de ce groupe composé presque exclusivement de jeunes élèves du dit lycée.

Nous ne comprenons pas tout de suite la cause exacte de ce rassemblement, car nous n’avons pas vu la caméra que porte sur l’épaule un jeune homme et le micro tendu en direction des jeunes gens présents.

Nous comprenons ensuite qu’il s’agit d’un reportage sur les goûts musicaux des jeunes lycéennes d’Hélène-Boucher et Maurice-Ravel.

Les réponses fusent de droite et de gauche :
- Chopin
- Beethoven,
- Ravel, etc., etc...

L’équipe de télévision (car c’est bien une équipe de l’ORTF) semble à la longue agacée par ces réponses convenues. J’ose à ce moment répondre à la seconde question :

- À part la musique classique, quel genre de musique écoutez-vous?
- La musique “yé-yé”
- Ah oui, et qui en particulier?
- Johnny Hallyday, Sylvie Vartan...
- Vous écoutez les disques de Sylvie Vartan?
- Oui
- Vous savez que Sylvie Vartan a été une élève comme vous de ce lycée?
- Oui, bien sûr.

Ce n’était pas encore “la caméra cachée” mais ces journalistes sont venus tout simplement sonder, sans dévoiler le sujet, les jeunes filles du Lycée Hélène-Boucher et de son annexe le lycée Maurice-Ravel afin de compléter une émission consacrée à Sylvie Vartan et connaître nos impressions sur la toute nouvelle chanteuse très en vogue en ce début d’année scolaire.

Cette émission sera diffusée un samedi de novembre sans que je puisse la regarder, étant non pas élève du lycée Hélène-Boucher mais en apprentissage.

La semaine suivante, forte d’avoir participé à une émission de télévision dont le sujet principal était la notoriété de Sylvie, je raconte mon aventure à Madame Vartan.

- Tu n’aurais pas dû dire que Sylvie était une chanteuse “yé-yé”. Sylvie est une chanteuse à part entière, tout simplement. Je n’aime pas ce mot “yé-yé”, cela ne veut rien dire!

Bon! Madame Vartan n’est pas vraiment en colère après moi, mais je sens bien qu’elle aurait préféré que j’utilise un autre qualificatif pour définir la musique de Sylvie. Nous n’en reparlerons plus jamais.

Noël 1963

Nous restons fidèles dans nos visites à la rue Louis-Braille et, nous offrons à Sylvie un cadeau. Quoi? je ne m'en souviens plus, mais étant donné le peu d'argent dont nous disposons, celui-ci ne m'a pas marqué. Sylvie est absente, nous remettons donc à sa maman le dit cadeau avec tous nos “bons vœux”.

Quelques jours plus tard, Madame Vartan me remet une petite enveloppe avec dedans un mot de remerciements: “Merci pour ton cadeau et bonne année, Sylvie”.

Je recevrai en plus, quelques jours plus tard, une carte de vœux stylisée représentant Sylvie habillée de sa robe bleu en mousseline ainsi qu'une carte de vœux de Johnny.

Janvier 1964, Sylvie est à l'affiche de l'Olympia.

Toujours en compagnie de ma meilleure amie, nous traversons Paris un certain 24 janvier, direction rue Caumartin, entrée des artistes.

Il n'y a pas grand monde lorsque nous arrivons devant l'entrée des artistes, mais pour peu de temps! Car en quelques minutes il se déverse une foule de jeunes arrivant de je ne sais où et ne nous laissant plus grand place pour circuler. Toute la scène se passe en à peine cinq minutes.

Une grosse voiture anglaise s'immobilise et en quelques secondes quatre têtes, inconnues ou presque pour nous, s'engouffrent. Sans vraiment bien comprendre, la voiture est déjà loin et... les Beatles aussi.

Leur musique devait probablement passer dans l'émission de Salut les Copains et c'est sûrement d'une oreille lointaine que je devais écouter car c'est plus tard, bien plus tard et avec Christian - mon futur mari - que j'ai réellement apprécié les Beatles.

Bon! on se retrouve quand même une petite poignée de jeunes à attendre la sortie de Sylvie.

La porte n'est plus gardée, on en profite pour se rapprocher, se mettre à l'abri du vent dans cette petite cour ou trône cette fontaine adossée à un mur, et on attend.

Il y a pas mal d'allées et venues, des gens qui sortent, d'autres qui rentrent et qui resortent... quand un Monsieur s'approche de nous et nous demande ce que l'on fait là.

- On attend la sortie de Sylvie Vartan, Monsieur
- Vous l'avez vue sur scène?
- Non Monsieur
- Vous aimeriez la voir?
- Oh oui Monsieur...
- Bon! Eh bien voici deux places pour jeudi prochain.

C'est Jean-Michel Boris qui vient de nous offrir nos passeports pour l'Olympia, et y applaudir Sylvie.
On dit souvent que la vie est faite de rencontres et que certaines vous marquent à jamais. Merci Monsieur Boris.

Si une semaine reste courte en certaines circonstances, elle peut aussi être interminable.

Sans compter que même avec un billet offert en poche, la partie est loin d'être gagnée auprès de mes parents qui s'opposent à ma présence à ce spectacle.

Mais, c'est encore et heureusement pour moi mon frère Alain qui intervient en ma faveur et à qui je dois d'avoir

trouvé les arguments nécessaires pour que mes parents acceptent de me laisser traverser Paris et assister à cet Olympia.
Enfin arrive ce jeudi 31 janvier 1964.

Fières de nos deux places, nous arrivons à l'Olympia.

L'ambiance est déjà magique - du jamais vu - pour nous en tout cas. La tendance est dans l'air par l'accoutrement des jeunes présents : la mode Beatles fait son entrée en France. Nouvelle coupe de cheveux au carré pour les garçons et les fameuses boots fermées à l'arrière par deux lanières à boucles que j'ai porté et adoré par la suite.

Nos places gratuites nous donnent accès au balcon, légèrement sur le côté droit de la scène.

On domine une salle chauffée à bloc, tout le monde tape soit des mains, soit des pieds. Les uns crient, les autres sifflent. Ils sont venus manifestement pour ces quatre garçons dans le vent, dont la popularité a traversé la Manche.

Il y a quand même dans l'assistance une grande majorité de garçons autour de nous et aussi un peu plus âgés. Nous n'avons, Marie-Josée et moi, que 14 ans et demi.

Arrive Trini Lopez. Tout le monde hurle et chante en même temps. Premier à entrer sur scène il met une certaine ambiance. Ses chansons sont rythmées et reprises en chœur par des milliers de jeunes enthousiasmés par cette musique venue d'outre Atlantique.
Puis c'est au tour de Sylvie.

Elle entame les notes de sa première chanson et on ne comprend plus rien ! Les cris et les hurlements ne résonnent plus de la même façon. Les jeunes crient et lancent des injures. Déjà survoltés par le tour de chant de Trini Lopez, la plupart d'entre eux sont debout et sifflent. Sylvie, stoïque, continue à chanter dans un vacarme épouvantable. De là-haut il nous est bien difficile d'entendre et de suivre ce qu'elle chante.

C'en est trop pour nous, nous couvrons les quolibets et crions "Sylvie, Sylvie" (tellement fort que le lendemain nous n'aurons plus de voix). Tant pis mais aujourd'hui, nous sommes venues applaudir Sylvie et, dans ce brouhaha, nous ne voulons plus rester au balcon. C'est en bas que nous voulons être et c'est en bas que nous serons !

Nous arrivons dans le noir à nous frayer un passage et nous restons mal installées mais tout près de la scène. Jusqu'au bout nous avons hurlé et chanté avec Sylvie.

Nos cris, nos encouragements sont si forts que nous oublions le reste de la salle. On chante avec elle :

"Si je chante c'est pour toi,
oui pour toi, oui pour toi, ah, ah
Il faut chanter avec moi,
et oublier tes larmes"...

Son jeu de scène, bras tendu et doigt pointé vers nous, nous transporte de bonheur.

Petit à petit le calme revient et Sylvie est fortement applaudie dès les premières notes de sa chanson "La plus belle pour aller danser", puis pour "Since you don't care" ou encore "La, la, la".

Malgré les lumières des projecteurs et l'impossibilité de nous voir vraiment, Sylvie suit et oriente son jeu de scène vers les jeunes qui, comme nous, la portent dans son tour de chant.

Elle chante pour nous et nous avec elle. C'est là à ce moment que, pour moi, une étoile est née.

Juillet 1964

Les mois qui suivirent ne nous permettent plus de voir autant Sylvie.
Elle est souvent absente de Paris, Johnny est parti à l'armée et les quelques fois où nous la croisons avec Johnny, nous respectons leur intimité.
Madame Vartan nous dit qu'ils sont toujours tristes de se quitter, cela se devine et se voit. Ils ont le regard mélancolique et ils baissent la tête en passant devant nous, comme pour nous dire "s'il vous plaît, ne nous demandez rien".

Juillet 1964, **SERGE** est aux anges...

Depuis quelques semaines je bous d'impatience car j'ai vu des affiches annonçant la venue à Clermont-Ferrand de Franck Alamo et de Sylvie Vartan. Il est hors de question que je rate ce rendez-vous!

Ca fait trois ans maintenant que je suis les moindres faits et gestes de celle qui est devenue mon idole. L'admiration que mon frère lui porte s'est un peu estompée mais la mienne est allée crescendo depuis ce Discorama de 1961 et maintenant, c'est moi qui achète SLC et qui découpe les photos. Je ne les colle pas sur les murs mais je les garde dans des classeurs pour ne pas les abîmer. Tout mon argent de poche y est englouti. Oui, bon! Eh bien, à propos d'argent de poche, il va falloir en trouver suffisamment pour me payer le billet du concert auquel je tiens absolument à assister au Théâtre de Verdure de Clermont-Ferrand, sans oublier le billet de train pour m'y rendre.

Ce n'est pas très loin mais je n'ai pas d'autres solutions que d'y aller en train. Ma mère participe un peu, mais je n'ai pas assez d'argent et il faut faire vite, le concert approche.

C'est alors qu'il me vient à l'idée de proposer aux voisins

et aux commerçants de mon quartier de laver leur voiture. Je leur dis ce que je compte faire avec cet argent et tous acceptent. Ils me connaissent, savent que je suis un adolescent sérieux et me voici donc, pendant tout le week-end qui précède le concert, en train de laver les voitures de mes voisins. J'y mets tout mon cœur, l'enjeu est énorme pour moi. A la fin du week-end, je fais mes comptes, j'ai récolté pas mal d'argent, suffisamment en tout cas pour me payer la place de concert et le billet aller-retour en train. Ca va!

Nous sommes le jour J, je ne tiens plus en place, dès le matin, je voudrais déjà être plus vieux de quelques heures. Je connais les horaires de train par cœur, je suis tellement impatient d'y aller qu'il faut que je parte, là, tout de suite. Je veux arriver le premier, y être avant tout le monde quitte à attendre plusieurs heures devant le théâtre. Je me suis habillé comme un prince, je veux être "le plus beau", non pas pour aller danser, mais pour aller voir Sylvie, car je ne suis venu QUE pour elle.

L'argent que j'ai récolté en lavant les voitures ne me permet pas d'acheter une place chère, je serai donc loin de la scène, ça ne fait rien, le principal est d'être là, de la voir en vrai.

Je suis émerveillé, c'est la première fois que j'assiste à un concert, je voudrais que ça dure toute la nuit, je sais que mon dernier train est à minuit, il me reste trois bonnes heures à passer avec mon idole.

ELLE est là, ELLE bouge, ELLE chante, je chante avec elle, toutes ses chansons, je les connais par cœur, forcément.

Arrive la fin du concert, le rideau est tombé sur ce qui va rester un souvenir impérissable. J'ai remarqué que dehors, plusieurs dizaines de personnes se pressent seules ou par petits groupes vers la sortie des artistes pour approcher les vedettes, leur demander des autographes.

Je reste aussi. Je veux approcher Sylvie, la voir de près, lui demander un autographe moi aussi. Je suis là, j'attends, je piétine, je m'impatiente, l'heure tourne... il est minuit, mon envie si forte d'approcher Sylvie me fait oublier l'heure.

Minuit est passé, mon train carrosse vient de se transformer non pas en citrouille, mais en rien du tout !... je n'ai pu que l'apercevoir sortant du Théâtre et s'engouffrer dans sa 403 noire. Je n'ai pas pu lui faire dédicacer mon billet de concert.

Après minuit, il n'y a plus de train assurant le retour Clermont-Ferrand/Riom. Il va me falloir donc rentrer à pied, mon billet retour dans la poche. Quatorze kilomètres dans la nuit à marcher prudemment au bord de la route. Je ne les vois pas passer, je suis heureux, léger, je ne marche pas, je vole.

J'arrive chez moi sans faire de bruit, une fois dans ma chambre, je ne m'endors pas tout de suite, malgré la fatigue... quelle soirée ! je ne l'oublierai jamais et je me promets que désormais, où qu'elle aille, je la suivrai... en Amérique s'il le faut !...

L'été s'étire doucement sur Dijon, pour laisser place à la rentrée scolaire de **NICOLLE**.

J'ai 14 ans et cela fait plus d'un an que la petite amie de mon frère aîné me parle sans cesse d'une chanteuse super mignonne, avec une voix craquante.

À la maison il n'y a pas encore d'électrophone, ni de télévision et je n'ai pas spécialement le droit d'écouter la radio.

C'est donc chez la petite amie de mon frère et sur son électrophone que j'écoute les premiers disques de Sylvie Vartan, et j'apprécie.

À partir de ce moment j'ai su que Sylvie sera mon idole. J'ai adoré d'emblée la musique, les paroles et la chanteuse.

Elle est entrée dans ma vie de tous les jours, sans s'imposer vraiment mais toujours très présente. Et c'est comme ça, qu'un jour, je me suis retrouvée debout sur un bureau de classe en hurlant et en twistant "Si je chante, c'est pour toi...". Punition immédiate bien sûr, mais quelque temps plus tard quand je découvre une séquence quasi identique dans le film "Diabolo Menthe", je ne me sens pas peu fière d'avoir déjà expérimenté cette scène devant mes camarades de classe.

Mon entrée dans un collège privé cette année-là est le début de mon succès non pas scolaire, mais de fille "dans le vent".

Nous sommes en 1964 et toutes - ou presque - plus intéressées par SLC que par l'algèbre! Je suis personnellement toujours au courant du dernier classement SLC et je suis la spécialiste des "potins" qui naissent autour de nos idoles. Mais la passion du moment qui m'envahit est pour Sylvie et Johnny.

Du fond de sa région minière du nord de la France,
CLAUDINE a 11 ans en 1965...

Époque prospère et joyeuse, entourée de parents attentifs, je mène la vie d'une élève studieuse. Tout se déroule calmement, peut être trop calmement et ces "idoles Yé-yés" dont on entend de plus en plus parler, commencent bigrement à m'intéresser, surtout cette jolie Sylvie, qui me fait rêver à la grande sœur que je n'aurai jamais, et pour cause, je suis l'aînée.

Le premier disque que je me fais offrir pour mon anniversaire contient un titre que j'adore, encore aujourd'hui, "Quand tu es là". J'ai toujours aimé cette pochette au fond jaune sur lequel se découpe le portrait de Sylvie sous une ombrelle, le tout avec un petit côté asiatique... non, c'est une idée.

Je peux dire que mes parents n'approuvent pas beaucoup mon choix, car ils n'apprécient ni ces jeunes "écervelés" de chanteurs yé-yés, ni leur musique, mais bon, je l'ai déjà dit, ce sont des parents aimants, alors "ne faisons pas trop cas de cette mode qui sans aucun doute passera avant l'hiver", se disent-ils.

Ah, s'ils avaient su... 39 ans plus tard, Sylvie a toujours une place dans mon cœur, et je peux dire que si elle n'avait pas été ce qu'elle est dans ces années-là, si elle et Johnny n'avaient pas enflammé ma (notre) jeunesse, ma vie n'aurait pas été tout à fait la même, mes enfants n'auraient pas été tout à fait les mêmes, puisque mon mari est un fan de Johnny, rencontré lors de nos nombreux concerts communs.

En 1965 donc, entre deux cours - ou même parfois au milieu des cours, surtout ceux de maths qui suscitent ma plus grande indifférence - je suis transportée dans le rêve grâce à ce couple modèle que sont Johnny et Sylvie. Pour une gamine de 11 ans, c'est l'histoire de la Belle au Bois Dormant, version années soixante.

Le soir après l'école, je rentre chez moi le plus rapidement possible pour ne pas louper une minute de "Salut les Copains". Bon allez, je peux bien l'avouer aujourd'hui, je me disais sans cesse "quand je serai grande, je choisirai un métier qui me permettra d'être à la maison à 17 heures pour écouter SLC".
Non, ne riez pas...

Mes quelques sous d'argent de poche me servent à acheter le journal du même nom et tous les posters de Johnny et Sylvie - indissociables, dans ces années folles - à orner les murs de ma chambre.

12 avril 1965

Premier événement important: 12 avril 1965 le mariage. Bien sûr, vu mon âge, il n'est pas question que je m'y rende, mais par chance, il s'est déroulé pendant les vacances scolaires de Pâques. J'ai donc passé mon temps à aller du poste de radio au poste de télé pour ne pas perdre une miette des journaux télévisés qui relatent cet événement dans ses moindres détails.

La concrétisation pure du conte de fées... Quand aujourd'hui j'y repense, conte de fées vécu bien égoïstement par des milliers de fans, mais pas tellement conte de fées pour les intéressés...

À Paris, de son côté **LILY** ne vit plus qu'à l'heure de "Neuilly".

Ma période "Neuilly": Johnny et Sylvie sont mariés depuis le 12 avril 1965 et vivent à Neuilly, place Winston-Churchill.

C'est aussi une nouvelle période pour moi, Monsieur et Madame Vartan vivent à Loconville et c'est avec "Neuilly" la rencontre de nouveaux copains.

Il y a une petite divergence entre les fans de Johnny et les admirateurs de Sylvie, chacun défend son artiste, mais dans l'ensemble nous faisons assez bon ménage.

Une certaine entraide s'instaure et les informations circulent entre nous sur les différents emplois du temps de nos vedettes respectives.

Le "téléphone arabe" circule plutôt bien, mais je me demande encore aujourd'hui comment nous arrivions à connaître les déplacements, les rendez-vous, les dates d'enregistrements des émissions de Sylvie ou Johnny.

Sylvie voyage toujours plus, en France ou à l'étranger, mais nous prenons néanmoins du plaisir à nous retrouver le week-end à Neuilly. C'est vrai que même si nous vivons à l'heure de Sylvie et de Johnny, nous formons une petite "bande" sympa.

Il y a Armand (parti depuis au Canada), Jean-Luc, Anne-Marie, Josette, Chantal, Marie-Jo, Françoise, Patrick, Georges (dont le rêve est de jouer comme saxophoniste dans l'orchestre de Johnny), et qui est le seul à posséder une voiture. C'est dire qu'il est notre chauffeur privilégié, Jean : au regard bleu limpide, et bien d'autres dont j'ai oublié les prénoms depuis, pardon. Nous avons souvent des directions opposées selon l'emploi du temps de l'un ou de l'autre, nos rencontres passent d'un studio d'enregistrement à un plateau de télévision, d'un restaurant à l'aéroport d'Orly et immanquablement nous nous retrouvons tous à Neuilly avec nos impressions et nos commentaires du temps passé avec l'un d'eux.

Sylvie nous connaît bien, nous ne sommes pas des agresseurs, elle sait que les infos passent (merci Carlos). C'est toujours un grand bonheur quand elle prend le temps de parler avec nous, un petit mot à l'un, un sourire moqueur à l'autre, comme moi qui passe mon temps à la photographier dans des situations comiques. Ainsi, dos à l'escalator qui monte, je me retrouve fatalement les fesses par terre arrivé en haut, ce qui la fait bien rire !

Elle est dans mes souvenirs toujours souriante et jamais agressive, même si parfois la délicatesse aurait été de disparaître lui laissant avec Johnny le temps de vivre normalement comme tout un chacun, dans l'anonymat.

Mais nous jouons le plus souvent à un grand jeu de pistes c'est un peu comme jouer au chat et la souris. Nous vivons une époque formidable qui passe aussi et obligatoirement par mai 1968, mais là c'est une autre histoire.

Durant cette année 1966 Sylvie est au comble du bonheur et attend un heureux événement pour le mois d'août. Période calme pour nous mais sage pour elle loin de Paris, des projecteurs et de la tourmente du show-biz. David est né. Sylvie est plus que jamais resplendissante. Ce nouveau rôle lui va à merveille.

Je ne me sépare rarement de mon appareil photo, c'est déjà ma grande passion, mais je sais et nous le savons tous, que Sylvie et Johnny ne souhaitent pas que l'on prenne David en photo. C'est une demande que j'ai toujours honorée et respectée.

Encore quelques mois de calme après l'arrivée de ce bébé et c'est à nouveau l'effervescence dans l'actualité du couple, tournées, galas, télés, et la préparation d'un spectacle commun à l'Olympia.

Notre agenda est aussi rempli que celui d'un ministre!
Émission de télé, week-end à Hayange: Sylvie présente sa collection de prêt-à-porter après son tour de chant. Comme toujours, des jeunes l'attendent à la fin de son concert. Et ce soir-là, s'engage, entre elle et nous sur la place du Théâtre, une mini partie de rugby avec sa casquette rouge ("Comme un garçon") qu'un admirateur finira par attraper et emporter.

Quelque temps après, c'est Montlhéry. Johnny participe à une course automobile et Sylvie tient le chronomètre.

Quinze jours plus tard, nous partons pour Loconville, faire quoi? Essayer de voir Sylvie à travers les barreaux qui entourent la propriété.

Tous nos déplacements se font en voiture avec Georges

comme conducteur et Jean Luc comme organisateur.

Combien de fois Georges nous a-t-il emmenés à Orly, accompagner Sylvie ou l'attendre lors d'un retour d'une tournée en France ou à l'étranger? Je ne sais plus, mais souvent, très souvent.

Nous avons eu la chance, (ce qui n'est plus possible aujourd'hui) de voir décoller ou atterrir les avions depuis la grande terrasse située face aux pistes. À ses retours à Orly, Sylvie paraît toujours contente de nous voir. Elle en a pris l'habitude. Nous sommes tous là, à lui poser mille questions. Nous lui faisons sa haie d'honneur.

Mars 1967

Olympia, rue Caumartin.
C'est notre nouveau quartier général. plus besoin de courir à droite ou à gauche, Sylvie reste parisienne pour un bon moment et de surcroît elle répète son spectacle également dans une salle de l'Olympia.

Les coulisses n'ont plus de secrets pour nous. La porte d'entrée des artistes paraît bien minuscule aujourd'hui. Infranchissable il y a encore quelques années, elle s'ouvre aujourd'hui sans difficulté.

J'assiste à presque toutes les représentations du couple, sauf la toute dernière semaine, pour cause d'alitement forcé.

Nous n'avons pas de places réservées ni de places attitrées, mais nous nous retrouvons souvent à gauche de la scène près de l'entrée du bar de l'Olympia.

Je suis et je reste une grande admiratrice de Sylvie et de

Johnny durant les représentations. Je chante, je crie, j'applaudis comme tous les jeunes présents dans la salle, quand un soir, piquée par je ne sais quelle mouche, je franchis la barrière du réel. Sans m'en apercevoir, je suis sur scène, face à Johnny!

Cette pulsion reste pour moi un mystère, car après avoir observé de nombreuses tentatives de jeunes filles voulant franchir la barrière et stoppées par des "gros bras" toujours présents en bas de la scène, je suis devant lui en ayant passé les mailles du filet sans préméditation aucune, et j'essaye de lui prendre sa cravate.

Mes mouvements sont décomposés car je me sens figée, incapable de bouger pendant un long moment. Tout le monde hurle derrière moi. Cette immobilité me paraît soudainement très longue, quand je me sens soulevée avec fermeté et "jetée" quelques mètres plus bas et comme par résonance, le "crac" fatal, aïe, aïe! aïe!, ma cheville.

Le lendemain, réveil douloureux: bonjour docteur, j'ai une belle entorse.

Ce qui bien entendu me prive des dernières représentations que je place au-dessus de tout, avec cette ambiance très particulière des fins de tournées.

Tant pis, cet Olympia reste quand même un très bon souvenir. J'y suis aussi quand Johnny offre à Sylvie une moto avec un gros nœud rouge, qui prenait d'ailleurs une certaine place dans les couloirs des coulisses, face à la loge de Sylvie.

Après ce tour de chant bien parisien, il fallait s'en douter, le couple part pour une longue tournée à travers la France puis dans le monde entier...

Sylvie s'occupe beaucoup de sa boutique de mode et profite souvent d'un gala en province pour présenter sa collection.

Carlos, ombre et protecteur de Sylvie reste notre ami privilégié pour les infos et les marques de sympathies en nous offrant régulièrement des produits de la Boutique Sylvie Vartan : lunettes, boucles d'oreilles, cartes postales, etc...

TENDRE CARLOS. Toujours gentil et aimable avec nous. Nous par contre, toujours sur sa route à lui demander, voir à le harceler, pour obtenir les précieux renseignements sur les faits et gestes de Sylvie. Je pense que plus d'une fois nous l'avons fait craquer. Mais gentiment, bien sûr !

Mai 1968

Nous sommes en mai 1968 dans une actualité forte en événements et Paris ne ressemble plus à rien. J'habite aux Gobelins et passe la plus grande partie de mon temps à la fac de Jussieu. Je ne suis pourtant pas étudiante à l'époque, mais appareil photo en main je me plais à constituer mon propre reportage, photos des rues dépavées, des nombreuses voitures incendiées et des barrages de CRS tellement nombreux dans ce quartier.

Malheureusement, l'actualité de Sylvie est triste, accident de voiture et décès de son amie Mercedes.

Et c'est un peu avec cette période chaotique et forte en événements politiques que mon chemin s'éloignera doucement des faits et gestes de Sylvie.

De retour d'un voyage au Maroc, je perds petit à petit le fil de son actualité. Je rencontre un autre groupe de jeunes dont la motivation humanitaire et idéologique me séduit à travers les yeux bleus de ce garçon qui deviendra l'homme de ma vie.

Cette période reste marquée par cette rencontre au point de ne plus me souvenir si je fais partie des spectateurs de ce nouvel Olympia 68. Il est fort probable que oui, mais je n'en garde aucun souvenir.

L'activité principale du groupe "Sing Out Vive le Monde" dirigé entièrement par des jeunes de 16 à 20 ans passe également par la présentation d'un spectacle, avec une tendance musicale américaine et j'aime beaucoup.

Je pense que nous avons été le premier "Big bazar" français.

Mes relations avec les copains de Neuilly s'effilochent, même avec Jean-Luc... Même si nous prenons le temps de nous quitter en douceur. Ses yeux sont ailleurs.

Mes derniers souvenirs restent associés à l'appartement de la rue Pierre-Charron où les innombrables robes de la collection Sylvie Vartan sont stockées, et ce minuscule studio sous les toits au tout début de la création du "Journal de Sylvie". Je fais imprimer les cartes de visite du Club et ne reviendrai plus jamais dans ces lieux.

Ma vie est maintenant ailleurs.

La passion, l'admiration et la fidélité sont et restent les charnières de ma vie. Mon bonheur actuel et les changements d'orientation de mon existence ne pouvaient pas d'un trait balayer les douces heures de ma jeunesse sans que celui que j'aime rencontre Sylvie.

Avec Christian, nous sommes fiancés depuis juin et la date du mariage est proclamée. J'ai encore la chance de recevoir l'invitation exceptionnelle d'assister à la "première", mais ce n'est pas le soir idéal pour des présentations normales.

Je me renseigne auprès de Jean-Luc pour connaître l'emploi

du temps de Sylvie avant le début de cet Olympia 70. Le rendez-vous est pris et nous nous retrouvons tous les trois rue Caumartin, mais au Bar Romain.

Je retrouve la même euphorie dans les coulisses, mais je suis un peu plus intimidée qu'auparavant à l'idée de me retrouver face à Sylvie. Les mois ont passé très vite, les têtes changent et va-t-elle me reconnaître?

Christian me parait, lui non plus, pas très à l'aise. On se tient la main, la porte de la loge de Sylvie est à quelques mètres.
Ouf! pas besoin de frapper, elle sort, me voit et se dirige vers nous.

Ne me demandez pas de traduire les mots qui ont pu sortir de ma bouche, je ne m'en souviens absolument plus, mais Sylvie serre la main de Christian et probablement nous souhaite beaucoup de bonheur.

L'arrêt sur image fut court mais intense, pour moi comme pour Christian, encore tout troublé par la gentillesse, la simplicité et la beauté de Sylvie, qu'il ne connaissait pas plus de loin que de près.

Après ce grand moment, Christian passe devant moi, pousse d'un air très décidé la porte qui nous sépare du bar de l'Olympia et on entend “aie”!

Il vient de pousser cette porte presque dans le nez de Johnny qui s'excuse auprès de Christian de cet incident.

Le 17 septembre 1970

Le 17 septembre 1970, c'est la grande première. Le hall de l'Olympia regorge de stars. Devant nous Alain Delon discute avec d'autres artistes. Nous prenons le temps de regarder le spectacle quand arrive face à moi Madame Vartan. C'est un bonheur incommensurable de la revoir après toutes ces années. Elle est plus jeune et plus belle que jamais.

Elle m'aperçoit, lève les bras et m'embrasse très fort.

Le lieu n'est pas très intime mais je ne manque pas de lui présenter celui qui sera trente jours plus tard mon mari.

Je sais, ce soir là, que nos routes n'auront plus la même senteur et qu'il me sera très difficile de revoir, un jour, Madame Vartan.

Les années sont faites pour passer et remplir nos cœurs de fleurs ou de pleurs, mais elles nous apportent, aussi et surtout, de merveilleux souvenirs.

1970

Mais revenons auprès de **CLAUDINE** qui en 1970 n'a qu'une obsession : l'Olympia.

Plus je grandissais, et moins, contrairement aux vœux de mes parents, cet engouement diminuait. Chaque anniversaire, chaque Noël sont des occasions pour moi d'augmenter ma collection de 45 tours.

Arriva enfin l'Olympia 70 et son mini drame. J'ai décidé de m'y rendre, mais je suis encore lycéenne et mineure je vis toujours dans ma province du Nord.

Alors comment faire pour convaincre mes parents de me laisser y aller? Ce fut l'occasion de discussions sans fin, de portes qui claquent, de refus plusieurs soirs de suite d'assister aux repas familiaux, et rien ne semble pouvoir aboutir.

Pourtant, quelque temps avant la date de la “première”, mes parents m’apprennent que nous irons à Paris rendre visite à la famille. De mon éventuelle venue à l’Olympia, il n’en est plus question et j’avoue que le sujet est devenu un peu tabou, aussi je n’ose pas vraiment remettre ça sur le tapis.

Très peu de temps après le début de notre séjour parisien, un après-midi, mon père s’éclipse, sous prétexte d’aller faire quelques courses. Une heure plus tard, il revient, me tend un billet qu’il vient d’acheter à l’Olympia.

Mon père est un homme discret et peu expansif et c’est à Sylvie que je dois ce moment particulièrement chargé d’émotion. Depuis, avec mon père, nous avons conservé une complicité silencieuse et tacite. J’ai surtout compris ce jour-là, qu’il serait toujours à mes côtés, pour les petits comme les grands soucis de ma vie, ce qui ne s’est jamais démenti.

Olympia 70. C’est la première fois que je vois Sylvie sur scène. Très vite, je suis transportée, subjuguée, la suite de mon rêve commencé cinq ans plus tôt.

Je n’avais jamais vu un artiste se donner autant, chanter, danser, vivre ses chansons avec une telle intensité. Mais les moments les plus forts sont souvent aussi les moments qui passent le plus vite et quand je me suis retrouvée boulevard des Capucines, après le spectacle, j’ai un peu la sensation d’être à nouveau propulsée dans une réalité crue et inhospitalière. Je veux la revoir encore et encore. Hélas, pour ce spectacle ce sera la seule et unique représentation à laquelle j’ai assisté.

Néanmoins, ma décision est prise : je veux vivre à Paris afin d’assister plus facilement à tous ses spectacles, tenter, aussi d’approcher Sylvie, vivre ma passion totalement et librement.

Je sais qu'une fois mon bac en poche, mes parents seront d'accord pour me laisser ma liberté - merci à eux, car à l'époque la majorité était encore à 21 ans et je n'en ai que 18.

Totalement motivée, je décroche donc à 18 ans ce fameux sésame de la liberté, et viens m'installer dans le XVe arrondissement de Paris.

Officiellement pour poursuivre des études, officieusement pour me rapprocher de Sylvie (mais quand même, je suis régulièrement présente en cours).

J'ai réussi à obtenir, je ne sais plus comment, peut-être dans un article, le nom de l'avenue où se situe l'appartement qu'habite Sylvie. Je décide de l'arpenter. Il ne m'est pas difficile de tomber sur un petit attroupement de jeunes et de comprendre très vite que ce sont tous des fans de Sylvie.

Nous faisons vite connaissance et le fait de nous retrouver devant le 16, avenue du Président Wilson, devient un rituel quotidien.
Le plaisir d'échanger un bonjour, d'obtenir un sourire, de prendre une photo nous récompense de toutes ces heures passées sous un soleil de plomb ou dans le froid hivernal.

La maman de Sylvie vient de temps en temps faire un brin de causette avec nous et très gentiment nous incite à rentrer chez nous.

Aujourd'hui, avec le recul, j'ai un peu honte de cet embarras permanent que nous étions, mais je garde aussi de tels souvenirs de folie, de bonheur simple, que j'espère que Sylvie ne nous en a pas trop gardé rancœur.

Pourtant Sylvie je l'ai déjà rencontrée, bien avant et tout à fait par hasard en 1969, lors de vacances en Corse. Nous

nous promenons tranquillement dans les rues de Sartène, quand, arrivés sur la place du village, nous remarquons un joyeux attroupement et entendons quelques propos : "Là, à la terrasse du café, c'est Sylvie Vartan" !

Mon cœur ne fait qu'un bond, je veux la voir, je me fraie un chemin dans la foule et là, je découvre Sylvie, accompagnée de Carlos. Ils tentent de prendre un verre tranquillement, mais une fois de plus c'est raté. Je suis si stupéfaite que je n'ose plus bouger, même pas lui demander un autographe, ni faire une photo. Je la regarde et c'est tout.

D'ailleurs, ça ne dure pas très longtemps, sans doute lassés d'être à nouveau la proie de tous ses regards, Sylvie et Carlos quittent rapidement le bistrot pour regagner leur voiture et disparaître.

Toute la soirée, je ne pense qu'à ce petit "mirage", comme une vision incroyable et impensable. D'ordinaire, il m'en faut beaucoup pour me couper l'appétit, mais ce soir-là, je suis incapable d'avaler quoi que ce soit.

Je rejoins des amis à qui j'explique ce qui vient de se passer et bien sûr, tout le monde se moque copieusement de moi, je m'en fiche, je suis heureuse.

Mais revenons-en au 16 de l'avenue du Président-Wilson, car je vais m'y installer pour quelques années. De 1973 à 1978, la majeure partie de mes moments de loisirs consiste à guetter Sylvie devant chez elle. Eh oui, je sais, pour beaucoup, ça peut paraître à la fois fou et dérisoire, mais c'est aussi tout le charme des années 1960-1970.

Attendre des heures sous la pluie ou sous un soleil de plomb pour ne la voir que quelques minutes, quelques secondes, amicale certains jours, mais plus que "boudeuse" d'autres. Néanmoins, s'il est évident que certains jours, Sylvie supporte difficilement notre présence (normal!) et nous le fait comprendre, jamais elle ne l'a exprimé de manière agressive, à la différence de Johnny.

Il y a des moments où il rugit littéralement et je peux vous assurer que c'est très impressionnant, nous n'en menons pas large. Heureusement, il a pour habitude de passer davantage "ses nerfs" sur les garçons que sur les filles.

Néanmoins, l'une de ses principales "victimes" de l'époque est un garçon qui aujourd'hui travaille pour lui. Il est violent, mais pas rancunier. En revanche, je me souviens encore d'un dimanche après-midi, où ne trouvant pas de taxi, il me demande de l'accompagner jusqu'à la place du Trocadéro, avec ma voiture. Bon, c'était un tout petit trajet, mais quand même, vous imaginez...

Dans ma voiture, personne n'ose broncher, ni lui, ni nous, mais vingt-cinq ans après, tout le monde s'en souvient encore.

Il ne m'est pas facile de relater tous les petits événements qui se sont déroulés lors de nos nombreuses heures d'attente, tant il ne s'agit que d'une accumulation de détails furtifs, mais qui, à chaque fois, correspondent pour chacun d'entre nous, à un moment de bonheur intense que nous avons besoin de renouveler encore et encore.

Je ne me lancerai pas dans l'analyse d'un tel besoin, je laisse ce soin à nos psychologues, mais je constate seulement que pour nous, c'est aussi essentiel que de manger ou de dormir.
Il y a pêle-mêle les jours où Sylvie s'enhardit à aller faire son marché comme n'importe quelle femme du quartier, à part qu'avec une nuée de fans qui rôdent dans les allées et qui la mitraillent, ça casse un peu le naturel.

Les samedis en début d'après midi quand Franco, un de leurs employés, descend les bagages, les entasse dans la voiture, nous savons alors que notre attente va bientôt être récompensée et dans les minutes qui suivent, arrivent Sylvie, sa maman et David, accompagnés quelquefois d'un des enfants de Jean-Jacques Debout ou de la fille de Michel Mallory ou d'un copain pour un départ en direction de Loconville. Nous savons que nous ne la reverrons pas avant le dimanche soir.

D'autres fois, pour une soirée où nous savons ou ils vont (soit Johnny et Sylvie, soit Sylvie seule), à une première ou à un événement particulier, comme le Palais des Congrès de Shirley Mac Laine ou la première de Sammy Davis à l'Olympia ou à la première de Jean-Jacques Debout à Bobino, alors là quel bonheur de la, ou les voir sortir superbement habillés. À nouveau, nous repartons dans nos rêves de contes de fées tant ils sont beaux, presque féeriques.

Il n'y a pas d'âge pour adorer Sylvie et c'est lorsqu'il a onze ans qu'ELLE, acidulée, sexy, moqueuse, rencontre **JEAN...**

Ou plutôt, c'est moi qui fais sa connaissance, foudroyé devant ma télé, elle chante : "I'm watching you".

Elle carbure à une énergie tout à fait spéciale : il y a comme une vitalité masculine dans cette silhouette exquise, elle est toute en contrastes, elle n'est pas banale. Je déteste m'ennuyer. Je suis pris au piège.

En plus de ses bonnes chansons, Sylvie est tout de suite très bien "mythifiée" : sublimes photos de Jean-Marie Périer dans SLC, sublimes pochettes de disques. Je marche !

Petit à petit on apprend aussi qu'elle a des valeurs : elle a été élevée dans un bouillonnement d'amour et ses parents lui ont appris à respecter autrui. Je suis bien tombé.

Je joue à fond les années soixante : j'adore Françoise, Sheila, France, mais Sylvie est la plus piquante.

La première fois que je la vois, c'est en Belgique, au casino d'Ostende, c'est l'époque de "Irrésistiblement". Elle est en combinaison lamée et je suis légèrement déçu : je la trouve un peu mécanique. La seconde fois je suis ébloui : c'est l'Olympia de "Pour lui, je reviens". Il y a Polnareff assis derrière moi. Elle porte un chapeau claque bleu, elle est sublime. Le lendemain je l'attends dans le parking en face de la sortie des artistes, rue Caumartin, où elle gare sa petite VW marron. Le temps de donner mon appareil photo à une autre fan, le temps de lui prendre le bras et clic clac, la photo est faite ! J'ai l'air hilare sur cette photo mais Sylvie est divine. Elle m'a laissé lui prendre le bras, sans me regarder, sans dire un mot !

Un autre soir, après le spectacle que je vois pour la seconde fois, j'entre pratiquement dans sa voiture pour prendre une autre photo.

Ensuite il y a le Palais des Congrès avec la production Malagnac. Je vois le spectacle à Paris et également à Bruxelles, et c'est là que se situe une anecdote amusante.

Je réussis à entrer dans les coulisses et à côtoyer la sécurité tout près du podium. Je me balade avec mon petit Kodak, tourne autour du podium et soudain entends une voix que je connais bien : "Vous ne voulez pas vous tirer de là, vous !"

Je ne m'étais pas rendu compte que j'étais tout près de l'endroit où elle se changeait.

Me parler si brusquement, à moi si dévoué, si fidèle !

Je suis rentré chez moi et j'ai cassé tous ses disques ! (c'est le syndrome Le Cannet !).

Non, je plaisante. J'ai parfaitement compris sa réaction. Douché quand même !

Il est impossible de dissocier Sylvie Vartan du Palais des Congrès et c'est là que l'on retrouve **SERGE** qui, avec la même fébrilité que onze ans plus tôt, est là, accompagné d'une amie en plein après-midi devant la porte de ce haut lieu du music-hall parisien...

J'ai continué à suivre pas à pas tous les événements qui ont jalonné la vie de Sylvie depuis le concert auquel j'ai assisté il y a bien longtemps maintenant, mais qui demeure intact dans ma mémoire. Son mariage, la naissance de David, tous ses disques - que j'achète dès leur sortie, parfois en plusieurs exemplaires - tous ses passages à la télévision, ses moments de bonheur, ses malheurs aussi m'ont touché, ses accidents, la disparition de son père.

Je ne l'ai pas revue sur scène donc, je n'ai pas assisté à ses Olympia de 1970 et de 1972 mais aujourd'hui, je suis là bien décidé à rattraper le temps perdu et cette fois-ci je n'ai pas eu à laver des voitures et je ne rentrerai pas à pied!

On est en octobre. Quelques mois auparavant, on m'a offert un magnifique stylo "Dupont" pour mes 25 ans.

Arrive une Rolls-Royce bleu marine. Le conducteur, Alain-Philippe Malagnac, producteur du spectacle et qui deviendra par la suite le mari d'Amanda Lear, arrête la voiture à ma hauteur voyant que je tiens à la main le programme du spectacle et que je désire un autographe.

La passagère, je n'ai d'yeux que pour elle, Sylvie Vartan en personne accepte très gentiment de me dédicacer le programme sur la première page. Elle a à peine le temps de finir que la voiture a redémarré. Pressé, Monsieur Malagnac, et je reste avec mon programme dédicacé mais Sylvie n'a pas eu le temps de me rendre mon stylo. Quelques dizaines de mètres plus loin, la voiture s'immobilise à nouveau et par la vitre ouverte, Sylvie me tend le stylo que je cours récupérer ainsi qu'une seconde signature qu'elle m'accorde

en s'excusant et en riant de ce petit incident.
Ce soir-là, j'assiste à un spectacle flamboyant, je suis venu spécialement de mon Auvergne natale pour le voir et franchement, je ne suis pas déçu, ça n'a absolument plus rien à voir avec le petit concert gentil auquel j'avais assisté à Clermont-Ferrand à l'âge de quatorze ans. Jeanne, l'amie qui m'accompagne, est enthousiasmée elle aussi, bien qu'elle ne soit plus de la génération qui est censée aimer Vartan.

Je ne verrai pas le Palais des Congrès suivant, en 1977, en raison de mon travail (je suis alors restaurateur à Montpellier). En revanche, j'assiste à une dizaine de reprises de ce spectacle que Sylvie donnera sans diverses villes de province, dans le midi principalement.

Il en sera de même pour le spectacle du Palais des Sports en 1981 que je ne verrai pas à Paris mais à Montpellier et qui marquera un nouveau tournant dans sa carrière, tournant qu'elle confirme l'année suivante en se produisant à Las Vegas.

Les cadeaux que nous fait Sylvie à chacun de ses concerts ont parfois un retour inattendu de la part de ses admirateurs, c'est ainsi que **CLAUDINE** et son équipe lui rendent la pareille...

Plusieurs années de suite, à l'occasion du 1er mai, nous l'attendions pour lui remettre quelques brins de muguet. Une année, à Pâques, nous décidons de lui offrir un lapin nain que nous avions trouvé adorable. Elle tombe aussitôt sous le charme de cette petite boule de poils, mais hélas, quelques jours plus tard, elle nous explique que ce pauvre lapin nain risque à chaque moment d'être blessé par ses chiens qui n'ont pas apprécié à sa juste valeur l'arrivée de ce nouveau copain. Il finit aujourd'hui ses jours dans une ferme bretonne et avons régulièrement de ses nouvelles. L'année suivante Sylvie est installée aux États-Unis pour plusieurs mois. Nous avons réussi à connaître son adresse là-bas.

Alors cette fois, notre choix se porte sur un lapin en chocolat que nous enveloppons de notre mieux et que nous confions aux soins précieux de la poste.

Quelques semaines plus tard, nous recevons une lettre de Sylvie qui nous remercie chaleureusement du cadeau et surtout nous confirme que celui ci lui est bien parvenu. Malheureusement, nous apprenons plus tard par un membre de son entourage que l'objet en question est arrivé en morceaux, ce que Sylvie a, par délicatesse, omis de nous dire. Merci à elle.

Les informations sur ses allées et venues nous parviennent je ne sais plus comment, mais elles sont rarement fausses. Il nous arrive donc de courir à l'aéroport, d'y rester des heures à attendre son arrivée ou au contraire de l'accompagner au départ. Souvent, aussi Jean Luc (Azoulay), récemment promu au rang de secrétaire particulier de Sylvie, nous ramène aimablement jusqu'à Paris, nous évitant ainsi les longs transports en commun. Je me souviens d'un soir où Johnny et Sylvie doivent partir pour le Brésil. Ce soir-là leur avion est le dernier à quitter Orly. L'aéroport n'est plus très fréquenté à cette heure tardive. Ils arrivent entourés de leurs amis, venus nombreux : Michel Mallory, Xavier Gélin, Sacha Rhoul et beaucoup d'autres. Cette arrivée ne passe pas inaperçue mais peu de gens tentent de leur demander des autographes. Nous, nous sommes heureux de ce peu de concurrence, ce qui nous donne l'impression d'être plus proches d'eux. Sylvie qui n'aime pas prendre l'avion, comme elle le dit encore aujourd'hui, se plaint du nombre d'heures qu'elle va devoir passer dans l'habitacle.

Elle demande que l'on lui achète plein de journaux quand une personne (je ne me souviens plus qui) lui dit que le vaccin de la variole est exigé pour rentrer au Brésil. Elle ne

Madame Vartan, Lily et Molière, le cocker de Sylvie, avenue Daumesnil à Paris.

Paris, mars 1967. Moment de détente pour Sylvie et Johnny dans un bar à côté de l'Olympia.

Orly, mai 1967. Sylvie est de retour et comme d'habitude nous sommes là pour l'accueillir. Elle, de son côté, prend le temps de parler et de rire avec nous.

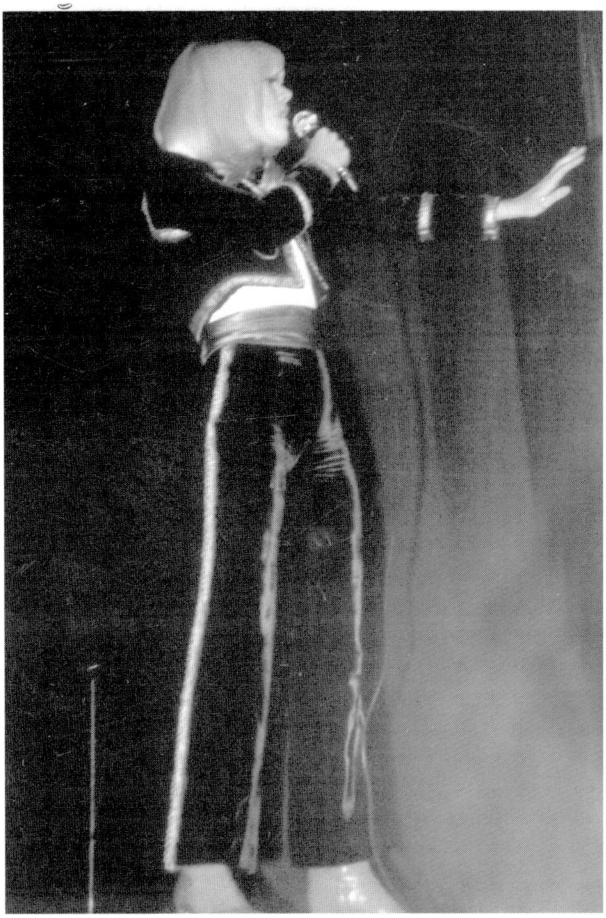

Sylvie porte son costume noir et rouge, la tenue mythique de cet Olympia 1967.

Mai 1967 : dimanche à Orly... Nous attendons le retour de Sylvie. On profite encore de la liberté de regarder les avions de la grande terrasse située face aux pistes. Photo souvenir de cet instant exceptionnel.

Olympia 1967 : Sylvie et Johnny chantent « Je crois qu'il me rend fou ton amour... »

Sylvie et Johnny quittent
les studios des Buttes-Chaumont
après l'enregistrement
d'une émission de télévision
de Maritie et Gilbert Carpentier.

Sortie d'un plateau
de télévision. Nous attendons
Sylvie pour lui poser mille
questions sur l'émission
qu'elle vient d'enregistrer.
Nous voulons tout savoir :
les chansons qu'elle interprète,
les costumes choisis,
la date de diffusion, les noms
des autres invités, etc.

Printemps 1967.
Sylvie quitte l'Olympia par l'entrée des artistes, rue Caumartin, où l'attendent toujours un certain nombre d'admirateurs.

Jean-Luc Azoulay, veille maintenant sur Sylvie à la place de Carlos, devenu chanteur à part entière. Fan, puis secrétaire, il est aujourd'hui le producteur du spectacle de Sylvie au Palais des Congrès à partir du 28 septembre 2004.

« Tendre Carlos » ! Jamais de mauvaise humeur avec nous, et pourtant, pas toujours faciles les admirateurs de Sylvie ! On voulait tout savoir sur son emploi du temps.

Explications...

...entre Sylvie et Johnny, avant un concert durant la tournée 1978.

Juin 1979, lors d'une émission de Radio Monte Carlo.

Montpellier 14 août 1984. Serge : « Sylvie dîne dans mon restaurant et au moment de partir, elle veut payer l'addition ! *"Mais il n'en est pas question,* lui dis-je, *vous êtes mon invitée !"* Elle accepte une petite séance de photos et de dédicaces ».

Tournée 1979 Sylvie et SNIF.

Sylvie Vartan : un joyeux anniversaire rue Chaptal

Les promeneurs qui, mardi soir, ont cru apercevoir Sylvie Vartan au centre ville n'ont pas été victimes d'hallucinations. La superbe chanteuse qui, le soir même, présentait son show détonnant aux arènes de Palavas se promena bien rue Chaptal avant de se rendre au restaurant Le Dauphin.

Là, en compagnie de Serge Genillier (à gauche) propriétaire de l'établissement et admirateur inconditionnel depuis plus de vingt ans et de son manager, Sylvie fêta, en toute décontraction, son quarantième anniversaire.

Elle en avait fait la promesse à son ami l'an dernier à Atlantic City et a tenu parole. Pour le plus grand plaisir du restaurateur qui, ce soir-là, on s'en doute, avait mis les petits plats dans les grands et pour qui Sylvie restera toujours la plus belle pour aller... dîner.

Gérald : "J'ai dû attendre l'année de mes 15 ans pour assister à un concert de Sylvie."

23 juillet 1975 à Marseille, Gérald veut déjà toucher du doigt celle qu'il coiffera vingt-cinq ans plus tard. (photo de droite).

XV

Pascale : "Je ne suis ni la plus jolie, ni la plus grande, ni la meilleure danseuse des 300 candidats, mais j'ai donné tout ce que j'avais de force, de technique, d'énergie, et mon envie de faire ce spectacle devait se lire dans mes yeux." (Pascale est au centre en body noir).

l'a pas. Vrai, pas vrai, toujours est-il qu'elle commence à angoisser à l'idée de se faire vacciner au centre médical d'Air France. Elle se sent tout d'un coup de moins en moins enthousiasmée par ce voyage.

Elle est de plus en plus "grognon" et Johnny se moque gentiment d'elle.

Néanmoins, l'ambiance est bon enfant et nous, nous flottons comme sur un nuage en profitant de ces moments privilégiés. Nous en profitons néanmoins pour prendre un maximum de photos jusqu'à ce qu'un haut parleur annonce: "Monsieur et Madame Smet sont attendus Porte 7" (ou 8 je ne me souviens plus avec exactitude le numéro de la porte d'embarquement), mais le plus marquant reste le fait d'entendre la véritable identité de Johnny et Sylvie.

Une autre fois, nous nous sommes levés de bonne heure pour être à l'arrivée du premier avion en provenance de Marseille. Sylvie et Johnny y ont donné un concert la veille et nous savons qu'ils rentreront par le premier vol. Une fois de plus comment avons-nous su qu'ils emprunteraient ce vol plutôt qu'un autre ? Mystère. Toujours est-il que les voici épuisés, on ne sait trop qui soutient l'autre, les yeux cachés derrière des lunettes noires, sans un regard pour personne - peut-être d'ailleurs ne nous ont-ils même pas vus, hagards de fatigue -, n'ayant visiblement qu'une envie: aller se coucher, et récupérer.

Les heures que nous passons dans les aéroports français sont considérables. Pour finir avec ce chapitre, un dernier souvenir, pas très heureux malheureusement. Sylvie part pour Los Angeles accompagnée de David et d'un copain de ce dernier. Là, nous ne nous attardons pas longtemps, car nous avons le sentiment de la déranger. D'ailleurs, très vite elle se réfugie dans le salon d'honneur réservé aux passagers de première classe. J'ai un souvenir particulier de ce jour malheureux. C'était un dimanche et nous avons connu quelques moments d'angoisse. Peu de temps après avoir quitté l'aéroport de Roissy, nous apprenons qu'un accident d'avion vient de se produire. Un appareil de la KLM a percuté un autre avion au moment du décollage. Les deux avions ont pris feu et le nombre de victimes est considérable. Nous n'avons pour le moment que peu de précisions et sommes inquiets comme s'il s'agissait du sort d'un membre de notre famille, de notre grande sœur en l'occurrence. Très rapidement nous avons la certitude que l'avion emprunté par Sylvie ne peut être concerné pas plus que l'aéroport de Roissy, car la catastrophe s'est produite à Ténériffe. Bien égoïstement, nous repartons rassurés sur le sort de Sylvie, mais choqués de cet effroyable accident.

Nous passons aussi de nombreux samedis après-midi aux enregistrements d'émissions de télévisions. Celles de Guy Lux ont lieu à la Maison de la Radio. Elles sont nombreuses et nous y allons très souvent. Nous constatons lors des répétitions que l'animateur n'est pas toujours très patient ni très aimable avec les artistes, mais jamais il ne s'est emporté contre Sylvie. Bien au contraire, elle semble bénéficier d'un régime de faveur, sans doute Guy Lux est-il tombé sous le charme de Sylvie.

Il y a souvent autant de jeunes qui composent le public que de jeunes qui attendent dehors la fin des enregistrements, afin de pouvoir approcher les artistes.

Nous sommes en 1974 et Sylvie est enceinte. Pour quitter les studios de la Maison de la Radio, il lui faut, comme à l'accoutumée, affronter une foule bienveillante mais quelque peu agitée. Alors, Jean-Luc, en secrétaire consciencieux et protecteur, écarte les bras et se place devant Sylvie, pour lui servir de rempart, afin que personne ne la bouscule. Ce n'est pas simple, il arrive des gens de partout, mais la plupart des personnes présentes comprennent le but de cette étrange équipée et permettent à Sylvie de regagner sa voiture sans trop de problèmes. Émouvant souvenir de respect.

Il y aussi les enregistrements des shows des Carpentier. Nous restons longtemps devant l'entrée des studios de la SFP - aujourd'hui démolis - aux Buttes Chaumont. Sylvie y participe fréquemment, soit en vedette principale, soit en duo avec un autre artiste. Très souvent dans le milieu de l'après-midi tous les artistes descendent pour prendre un "pot" au bistrot du coin. Là, c'est l'euphorie, nous sommes nombreux, car il y a aussi les fans des autres artistes, c'est l'attroupement: les photos, les demandes d'autographes, mais quelle joie quand, perdus au milieu des autres, nous constatons que Sylvie nous reconnaît et nous adresse quelques mots, à nous les fidèles, les privilégiés parmi ceux qu'elles ne connaît pas. On se sent exister, et plus proches d'elle.

Une fois de plus nous avons eu un tuyau par je ne sais quel moyen, mais nous savons qu'en ce dimanche ensoleillé de juin Sylvie sera l'ambassadrice du Grand Prix de Diane à Chantilly.

Rien de nous arrête, ni les belles robes, ni les beaux chapeaux et encore moins les chevaux. Nous revêtons nos plus beaux atours et nous voilà partis au champ de courses.

Arrivés à Chantilly nous faisons face à un monde que nous ne connaissons ni les uns ni les autres, mais nous n'avons aucun mal à retrouver Sylvie dans son superbe ensemble rouge parmi toutes les belles élégantes.

Elle nous aperçoit, ne dit rien, mais reste quand même bien surprise de nous retrouver là!

Bien sûr, mes moments les plus marquants restent les tournées. Pour ma part, je les ai toutes suivies de 1974 - année de mon permis de conduire - jusqu'à 1979.

Presque toujours, grâce à la complicité des danseuses ou des musiciens qui finissent par bien nous connaître, et même d'Hubert Le Forestier, dans les dernières années.

Nous arrivons presque toujours à atteindre les coulisses, nous voyons souvent Sylvie faire la balance, puis en général elle se cache dans sa loge jusqu'au moment où, revêtue de son costume de scène, elle sort, l'air tendu et ailleurs.

Un certain après-midi extraordinaire à Palavas, nous nous retrouvons face à une Sylvie complètement déchaînée. Contrairement aux autres jours, elle passe l'après-midi avec les musiciens, les techniciens, pose pour qui veut (et nous voulons!) devant les camions, sur les marchepieds, dans des poses quelque peu langoureuses, le tout en éclatant de rire, puis avec Nelly, son habilleuse, devant tous ses costumes, et pour finir elle se met à la batterie et commence à jouer, bref, une séance photos totalement improvisée dont nous avons bien profité.

Un autre jour, à Mandelieu, alors que le concert est prévu pour 20 h 30, une demi-heure avant le lever de rideau, toujours pas de Sylvie. Ce n'est pas son genre, elle arrive généralement très en avance, l'inquiétude commence à grandir, que lui est-il arrivé?

Une mauvaise rumeur circule. Sylvie se serait cognée le front en descendant de l'avion. Elle est effectivement remontée sur Paris pour le week-end du 15 août, période chargée en anniversaires pour elle comme chacun le sait, elle s'est fait soigner par la même occasion. Je ne saurai jamais exactement ce qui s'est passé, mais en grande professionnelle qu'elle est, rien n'a transpiré, si ce n'est que le spectacle a commencé avec une heure de retard.

Et puis il y a cette jolie rencontre dans un café d'une aire d'autoroute du Nord de la France, après un concert donné à Valenciennes.

C'est l'hiver, un soir de semaine, il est trois heures du matin, l'autoroute est déserte, nous savons que Sylvie et Jean-Luc rentrent aussi à Paris et vont donc emprunter la même route que nous. À l'entrée du péage, nous demandons au préposé si, par hasard, il n'avait pas vu passer une Rolls. Mais oui bien sûr, il y a à peine 10 minutes. Bon, ça nous amuse et nous poursuivons notre chemin.

La fatigue commence à se faire sentir, les yeux picotent un peu, ce n'est pas bon. Nous nous arrêtons donc sur la première aire, et ô surprise, Jean Luc a eu la même idée. À part Sylvie, Jean-Luc et nous, il n'y a personne.

Nous nous approchons de Sylvie afin de la féliciter de se superbe concert et discuter quelques brefs instants.

Nous reprenons chacun notre route, nous la tête pleine de jolies étoiles. Cette rencontre nocturne et insolite fait partie de l'un de mes plus beaux instants "vartanesques".

Parfois, quand nous allons d'une ville à l'autre, il arrive qu'à un carrefour, notre petite voiture croise la grosse Rolls de Sylvie - aisément repérable - conduite par Jean-Luc, imperturbable. Nous savons que nous allons tous dans la même direction, mais ils ont tôt fait de nous semer.

Certains soirs, tout particulièrement lors de la tournée 75, Johnny fait quelques apparitions. Sa présence et sa voix puissante en imposent, et ces soirs-là, on sent bien que Jean-Luc est moins à l'aise, on ne le voit plus beaucoup. Il se fait discret, et l'ambiance est un peu différente.

Été 1979

Vivre deux passions! c'est possible, **CHRISTIAN** nous le prouve.
Été 1979, j'ai dix-neuf ans, je suis étudiant pour devenir

infirmier. Outre ce futur métier que j'ai choisi et qui me passionne, j'ai une autre grande passion : Sylvie Vartan.

Ca tombe bien puisque Sylvie fait une tournée d'été. Avec quelques amis on a décidé de réserver plusieurs dates : Marseille, Palavas, Le Lavandou, Menton, Fréjus, Nice, Cannes Cap d'Agde Lézignan et la Grande-Motte.

Nous sommes le 11 juillet, je finis une journée de stage, et je me dirige vers le Palais du Pharo où Sylvie doit chanter deux soirs. Il fait chaud, ça grouille de promeneurs et moi, j'attends patiemment l'arrivée de Sylvie. Je circule à l'intérieur du Palais afin de repérer une cachette et y rester par la suite.

Un peu plus tard, vers 16 heures arrive le bus avec toute la troupe, j'aperçois Vicky Ally, Judith Cox, Phil Philipps, John Almaraz... un petit signe de la main, un sourire... Descend ensuite l'homme orchestre Gérard Daguerre, suivi de Nelly, la fidèle habilleuse qui va préparer les tenues pour le show de ce soir et qui nous permet aussi d'admirer ces somptueuses robes que portera Sylvie.

Chacun s'affaire pour que tout soit prêt, je continue à déambuler au milieu de tout ce monde, que je commence à bien connaître et qui reste étonné de me voir si souvent.

Vers 17 h 30, arrive LA voiture conduite par Hubert Le Forestier, à l'arrière la divine Sylvie, super bronzée, tout fraîchement venue des États-Unis et accompagnée de Sniff.

Elle dit bonjour et entre à l'intérieur, direction la loge.

Dès cet instant, pour nous, c'est la course pour se cacher avant que la sécurité nous fasse sortir.

Les agents sont doués : ils arrivent à me débusquer malgré ma discrétion. Je dois me rendre à l'évidence et me diriger

vers la sortie. Sylvie est là, elle a tout vu, elle me regarde et stoppe notre avancée, je sens mon cœur qui bat... Elle s'adresse à un agent et lui dit:
- Non, ce jeune homme ne sort pas! il fait partie du fan-club, il est vendeur sur la tournée...

Je suis stupéfait... je vais pouvoir rester et assister aux répétitions dans mon coin.

Martine, la responsable du stand, me propose donc de vendre les produits du marchandising.

Me voici libre de circuler, mais surtout de voir Sylvie répéter, quelle joie!
Fin des répétitions à 19h30. Sylvie retourne dans sa loge pour n'en ressortir qu'à 21 heures. De mon côté je me prépare à vendre programmes, photos, etc., etc.

21 heures, toutes les lumières s'éteignent, la musique commence sur un air rythmé, qu'est-ce donc que cette nouveauté? "Can't stop dancing", je craque en voyant Sylvie apparaître avec sa sublime robe en lamé blanc.

Pendant 2 heures je suis sur un nuage, le show est mené tambour battant et me tient en haleine. Sylvie est en super forme, le public, lui, est en folie.

La fin du concert arrive et Sylvie s'éclipse, le temps de se changer, elle quitte le théâtre avec Hubert, je la vois, lui souris et j'ose lui dire que j'ai adoré sa prestation, elle me répond: "merci et à la prochaine". J'ai les yeux remplis d'étoiles et j'ai hâte d'être à la prochaine étape.

Retour à 1972

C'est souvent grâce à la complicité d'un frère ou d'une sœur aîné(e) que l'on découvre Sylvie, n'est-ce pas **MICHEL** qui, fouillant au plus profond de sa mémoire, témoigne...

Du plus loin que je me souvienne, j'ai toujours aimé Sylvie.

Mon plus lointain souvenir remonte à 1972 : à cette époque, mon frère fréquentait une jeune fille, qui lui avait prêté toute une série de 45 tours de Sylvie Vartan, dont le fameux "Aime moi", enregistré peu après son accident d'auto, et que j'écoutais en boucle et le volume à fond. J'adorais ce titre et je le mettais sans arrêt.

Puis, quelques années ont passé, et Sylvie est réapparue à nouveau dans ma vie fin-1975. Elle était très présente sur les plateaux télé puisqu'elle assurait la promotion de son premier spectacle au Palais des Congrès, et j'aimais beaucoup la chanson "Changement de cavalière". Alors j'ai demandé à mes parents, par l'intermédiaire du Père Noël, de m'offrir le 30 cm en public de ce concert.

D'abord dérouté à la première écoute, car il ne contenait finalement que peu de chansons connues de moi, hormis "La drôle de fin", "la Maritza", et "Changement de cavalière". Il faut que je précise mon âge à cette date, 12 ans, et donc le répertoire de Sylvie était nouveau pour moi. j'ai eu après quelques écoutes, ce que je pourrais appeler une "révélation", ou bien un "coup de foudre". Je me suis mis à adorer cette voix, jusqu'à ses moindres soupirs. Et j'écoutais l'intégrale du concert live fenêtre ouverte, au premier étage de mon immeuble, au grand désespoir de mes parents, et sûrement aussi des voisins, car je l'écoutais vraiment le volume à fond, et j'adorais entendre Sylvie parler entre les chansons. En plus j'avais la chance de pouvoir savourer cet album sur une chaîne hi-fi de haute qualité. Par chance, mes frères aînés étaient mélomanes et s'étaient bien équipés à ce niveau.

C'est à partir de là qu'a commencé cette belle histoire entre Sylvie et moi.
Avec le recul, j'ai conscience de la démesure, mais tous les adolescents ont besoin d'un idéal, et Sylvie commençait à

devenir mon idéal féminin, qui ne reposait finalement que sur son physique et sa personnalité d'artiste, mais j'étais trop jeune pour déceler la femme encore plus admirable que je connais aujourd'hui.

Dès lors, je me suis mis à roder chez les marchands de journaux, à l'affût du moindre article de presse, de la moindre photo. Je n'avais pas beaucoup d'argent de poche, alors j'étais contraint de faire des choix, et je n'achetais que les revues où les articles qui étaient les plus conséquents, mais je me délectais de la lecture des autres chez les marchands et j'imprégnais ma pupille de tout ce que je ne pouvais pas m'offrir.

Avec le temps, j'ai pu me constituer une jolie bibliothèque de revues, que je garde jalousement à l'abri de la lumière, dans une malle en bois, et qui sont comme neuves trente ans après.

La moindre apparition de Sylvie à l'écran me rendait béat, mais c'était à chaque fois un supplice car mes frères et sœurs (nous sommes 7 enfants) gâchaient mon plaisir en passant devant l'écran pour m'embêter et j'étais fou de rage. Je me souviens que ma mère angoissait, car elle trouvait cet attachement pour Sylvie plus qu'excessif et elle se demandait quel tournant allait prendre ma vie. Aujourd'hui, elle est rassurée.

Sylvie c'était mon bonheur, elle était belle, que dis-je, elle était magnifique, fabuleuse, c'était la plus belle femme du monde, j'en étais convaincu.
Tout me ravissait en elle : sa gestuelle légère, comme superficielle, sa crinière blonde, sa voix grave, et ce punch ! Je me souviens, début 1976, Sylvie faisait un tabac avec "Qu'est-ce qui fait pleurer les blondes ?". Elle était sur tous les plateaux télé. Mon frère aîné, marié depuis 1974, me faisait la joie de me recevoir chez lui pour voir les émissions en couleur, et c'était un vrai régal des yeux. Je n'ai malheureuse-

ment gardé que des souvenirs audio de ces émissions car je ne possédais pas de magnétoscope, mais j'enregistrais tout sur des cassettes audio, avec un micro, et il fallait donc se taire pour ne pas couvrir le son.

Et puis, un jour, j'ai acheté une revue, Podium, je crois, il y avait une page consacrée à Sylvie, prise en photo de face sur la plage, en short de jeans, ses cheveux lisses au vent, avec à côté les dates de sa tournée. Pour moi qui étais encore naïf, j'ai compris qu'elle donnait des spectacles en public, alors que je la croyais vedette de télé, et j'ai vu et retenu une date : le 16 juillet 1977 à Vaison-la-Romaine. Incroyable, à 100 km de chez moi (j'habite à Valence, dans la Drôme).

J'ai demandé à mon frère, s'il était disposé à m'amener en voiture et il a accepté. Ce fut ma première rencontre avec Sylvie "en vrai". Elle rôdait son concert qu'elle allait produire à nouveau à la rentrée au Palais des Congrès.

C'est là que j'ai découvert "Petit Rainbow" qui n'était pas encore sorti en vinyle. J'ai adoré, et cet air que j'essayais de retenir me trottait dans la tête sans que je parvienne véritablement à me l'approprier. Quelle ne fut pas ma joie en rentrant de vacances fin-août, d'entendre sur les ondes françaises peu après la frontière Italienne cet air superbe et entraînant, qui était enfin sorti !

De ce spectacle en plein air à Vaison-la-Romaine, j'ai gardé des milliers d'étoiles dans les yeux, et de retour chez moi, je ne parvenais pas à m'endormir tant je voulais revivre cet instant magique.

Ensuite, j'ai vu Sylvie une douzaine de fois sur scène, ce qui est peu, somme toute, dans des villes différentes, en tournée et à Paris. La première fois en 1977, puis il y a eu 1978, 1979, 1980, 1982, en province, 1983 au Palais des Congrès à Paris, et 1999 à l'Olympia.

Mes plus beaux souvenirs sont liés aux tournées, car l'ambiance était plus électrique que dans la capitale, ne serait-ce qu'à cause de l'irrégularité de l'heure du début du spectacle, due au déplacement ou aux soucis techniques.

Alors la tension montait dans la salle, les spectateurs trépignaient et acclamaient Sylvie pour la faire venir sur scène, c'était chaud et enivrant.

Quand le noir venait et que le rideau s'ouvrait, mon cœur battait à tout rompre et j'étais hypnotisé par sa grâce féline sensuelle, forte et fragile, multiple en fait, capable de s'enflammer sur des musiques rythmées, et de m'enflammer sur des tableaux piano voix, où Sylvie donnait toute sa sensibilité.

Bizarrement, même si c'est le côté flamme de Sylvie qui m'avait attiré à elle, j'étais tout surpris de constater à quel point elle me touchait quand elle était débarrassée de tout le superflu, et qu'il ne restait plus qu'elle à - minima.
Je pensais dans ces moments là, à tous les gens qui ne la connaissent pas, et qu'elle serait capable de faire chavirer avec quelques notes de sa voix chaude.

Pour moi, elle donnait vraiment toute la mesure de son talent dans ces passages confidentiels. Même si les tableaux dansés étaient une pure merveille de punch, de facilité, de paillettes, certains disaient à l'époque qu'on aurait pu remplacer Sylvie par n'importe quelle ravissante idiote, qui aurait fait le même effet entourée de tant de gens de talents, danseurs et musiciens, lumières et effets sonores. Raillez, railleurs! Elle vous fera un joli pied-de-nez lors de son Olympia 1996 quand elle s'amusera à relire vos critiques !
Alors que, lorsque Sylvie se retrouvait seule, avec juste un piano pour accompagner sa voix, c'était magique et envoûtant et son talent sautait aux yeux dans ces moments privilégiés de partage, de tendresse et d'émotion.

Je pense que Sylvie n'a pas totalement conscience du charme qu'elle dégage, du pouvoir qu'elle exerce. Elle fait les choses comme elles viennent, sans réfléchir, de son mieux mais sans y accorder l'importance qu'elle réserve aux gens simples et courageux, aux chercheurs, aux médecins. C'est toute l'humilité qui la caractérise et qui fait sa grandeur.

Après le premier contact en 1977 avec Sylvie sur scène, d'autres spectacles ont suivi. Je ne vais pas relater toutes les anecdotes, si ce n'est pour me souvenir qu'en février 1978, mon frère était venu assister au concert et prendre des photos, pour que je puisse, moi, profiter pleinement de ces instants de bonheur. Ou pour me souvenir aussi que je m'étais déplacé sur une vieille mobylette pourrie, en 1979, pour aller acheter ma place pour le concert donné à Aubenas en juillet.

22 janvier 1982

J'avais mis un temps fou pour effectuer ces 80 km dans une Ardèche sinueuse et ensoleillée, mais rien n'aurait pu m'arrêter.

Le souvenir de gala le plus mémorable est daté du 22 janvier 1982. Mémorable à plus d'un titre, parce que merveilleux et douloureux à la fois.

J'ai 19 ans et je fais mes études à Montpellier lorsque j'apprends le prochain passage de Sylvie dans cette ville, au moyen des affiches où elle arbore sa chevelure courte et frisée, qui fait la pochette du 30 cm sorti juste avant le fameux Palais des Sports 1981, qui est, à mon avis, le plus beau spectacle de Sylvie.

Je garde encore précieusement aujourd'hui cette affiche en maxi format que j'ai sournoisement décollée d'un mur dans une rue de Montpellier, au moyen d'un cutter, vers minuit, en arrivant dans la ville un dimanche soir pour réintégrer ma chambre d'étudiant. L'acte est autant plus répréhensible que prémédité. J'ai prévu le cutter et l'heure d'arrivée de mon train de nuit, de façon à ne pas être surpris en flagrant délit.

Arrive le jour J du concert et je piaffe d'impatience. Alors que je suis allé traîner du côté du Palais des Sports de Montpellier le matin, je ne sais plus qui j'ai rencontré à ce moment-là, si elle fait partie du staff de Sylvie, ou des murs de cette salle, en tous les cas, cette personne me dit "Mais oui, vous pouvez venir cet après-midi dans la salle, Sylvie va y répéter et donner une interview pour FR3 Languedoc Roussillon".

Je crois rêver, moi, profane, sans aucun lien dans le show-biz, je vais pouvoir m'immiscer au milieu de ces gens alors que je n'ai rien demandé? Incroyable!

À l'heure indiquée, je viens me poster dans la salle, les techniciens sont affairés aux installations diverses et variées, et moi, je suis là à savourer le bonheur de côtoyer des gens, qui, eux-mêmes, côtoient Sylvie de près, et cette idée m'exalte.

Puis, au bout de quelques minutes, ELLE est apparue sur scène pour répéter trois mesures du titre "je ne suis pas d'ici". C'est vraiment trois mesures, je peux confirmer que Sylvie ne répète pas des heures entières. En tous cas, ce jour-là, elle ne le fait pas.

Puis la répétition s'achève et arrivent sur scène les journalistes et reporters de FR3 et de la presse écrite régionale.

J'ai amené mon appareil photo, un Canon avec un gros zoom, alors je me suis dit "pourquoi pas moi?" Pourquoi ne monterais-je pas sur scène, je peux faire illusion avec mon Canon, on me prendra pour un journaliste.

J'ai donc pris mon courage et mon admiration à deux mains et je me hisse sur la scène pour me fondre à cette troupe. Je mitraille Sylvie sous tous les angles possibles, je n'en crois pas mes yeux, elle est là, à côté de moi, dans mon objectif, face à moi, toute pour moi, belle, simple, quasiment pas maquillée avec sa natte sur le côté, si slave, si blonde...

Je me prends tellement au jeu que c'est à peine si je réagis quand une personne s'approche de moi. Un coup d'œil, et je reconnais son secrétaire de l'époque, Hubert Le Forestier. Il s'approche et me murmure, alors que je suis en train de mitrailler le profil droit de Sylvie: "Ce n'est pas le bon côté".

Comme je fais mine de ne pas comprendre, il croit bon de rajouter: "La cicatrice !"

En un instant, le monde s'écroule et j'ai mal, mal pour elle. Ces quelques mots qui n'ont d'autre but que de protéger Sylvie me paraissent d'une méchanceté indescriptible.
Bien sûr je connais les détails de son accident d'auto le 21 février 1970, mais pourquoi mettre le doigt dessus ainsi, pourquoi me gâcher cette belle image lisse et belle, d'autant que j'ai moi-même été étonné que la cicatrice soit si peu visible, en la voyant de si près.

Peut-être que l'empreinte se marque plus sur le cliché que de visu, mais en quelques secondes, je suis détruit, anéanti, je n'ai plus goût à rien. Hubert Le Forestier m'a fait mal en lui faisant mal à elle. Et pour finir, il me demande ma carte de reporter, que je n'ai pas, et pour cause. Alors, gentiment il me demande de quitter les lieux et je crains un instant qu'il me réclame la pellicule. Fort heureusement, il ne le fait pas et je peux donc conserver ces clichés, d'ailleurs très réussis.

Mais il m'a tellement blessé que je n'ai plus envie d'aller au

spectacle le soir. Je parviens à faire abstraction de cet échange, et je me rends au spectacle.
Je n'ai pas eu à la regretter car ce fut le plus beau concert, le plus enlevé, le plus fougueux de Sylvie. J'ai, en plus, retrouvé une amie qui a vécu ce soir-là une belle anecdote.

Elle est arrivée avant le spectacle avec un bouquet qu'elle a confié à un des gardes du corps de Sylvie pour qu'il le lui remette. Avant le début du concert, ce même garde du corps est venu voir mon amie pour lui signifier que Sylvie avait été très touchée par son geste et qu'elle pouvait aller la voir dans sa loge après le spectacle.

Je suis le témoin de tout ça, car je suis assis à côté de mon amie. j'ai attendu qu'elle ait rencontré Sylvie en loge, et elle m'a relaté que, comme elle disait à Sylvie qu'elle allait la voir sur toutes ses dates de tournée, Sylvie lui avait répondu, gênée : “Il ne faut pas faire ça”.

J'étais enfin rassuré après mon désespoir de l'après-midi : Sylvie était belle dedans comme dehors.

Sur scène, sa façon de mener ses ballets ne laisse pas indifférentes les petites filles et sûrement pas **PASCALE** qui déjà en 1973 avait réponse à tout quand on lui demandait :

- Pascale, que veux-tu faire quand tu seras grande?
- Danseuse de Sylvie Vartan!

J'ai dix ans, je danse, je danse, je danse et je griffonne des dos d'enveloppe, des nappes en papier, j'écris sur des cahiers des “Sylvie” en lettres ornées de cœurs. J'apprends à signer Pascale souligné d'une petite fleur...

Je chante “riche, je suis riche de tout cet amour que j'ai au fond de moi” ou “pour lui je reviens, pour lui je reviens” ou encore “j'ai un problème” et “la pluie qui tombait dilimdam, faisait chanter dilimdam, trois notes sur le trottoir”...

1983

1983 : je fête mes 20 ans sur la scène du Palais des Congrès. Je danse aux côtés de Sylvie Vartan. C'est une histoire magique, je n'ai fait que suivre ma bonne étoile...

Mai 1983, je découvre Paris, dans une joie incommensurable, je laisse ma province de soleil, pour suivre la compagnie de danse de Rick Odums. Nous répétons chaque jour, pendant des mois, au SVS, Sylvie Vartan Studio, rue des Petites-Écuries, dans le dixième arrondissement de Paris.

Un soir, sur le tableau des auditions, je lis une annonce pour le prochain spectacle de Sylvie. Je crois que j'ai dû la lire 30 fois. Le jour J arrive et Claude Thompson, chorégraphe célèbre de Sylvie, suivi de ses assistants, Vicky et Jim, entre dans un studio de danse bondé.

Claude auditionne toutes les danseuses et tous les danseurs de Paris.

Six auditions en trois jours. Je me souviens encore d'un enchaînement sur la musique de "Enough is enough". J'ai vu cette chorégraphie à la télé... Je réussis à l'enregistrer en un rien de temps. C'est surprenant, je suis portée par une force incroyable. Claude remarque mon énergie. Je passe chaque jour les épreuves avec succès. Mais au fond, je caresse mon rêve de trop près pour y croire vraiment. Après avoir auditionné plus de 300 personnes, le choix du chorégraphe s'arrête sur huit filles et quelques garçons.

Je fais partie de ces filles... Je touche mon rêve du bout des doigts quand l'assistant de Sylvie, Hubert le Forestier nous annonce qu'il nous faut chanter "Rip it up" pour nous départager.

Dans les vestiaires, j'apprends que Claude ne choisira qu'une danseuse parmi les huit restantes, puisque Vicky Ally, Judy Cox et Konki, toutes anciennes danseuses de Sylvie, sont engagées d'office. Je perds confiance, mais le métier de danseur apprend à n'abandonner jamais.

Je prends le métro direction la FNAC afin de m'acheter le disque du précédent spectacle de Sylvie au Palais des Sports et j'apprends "Rip it up" toute la soirée.

Le lendemain, je connais ma chanson par cœur et je la passe avec Lee, dans une joie communicative. Claude nous remercie, Hubert prend nos adresses et nos photos. Il nous fallait maintenant attendre la décision de Claude et de Sylvie.

Je ne suis ni la plus jolie, ni la plus grande, ni la meilleure danseuse des 300 candidates. Mais j'ai donné tout ce que j'avais de force, de technique, d'énergie et mon envie de faire ce spectacle devait se lire dans mes yeux.

Hubert me téléphone pour m'annoncer la bonne et surprenante nouvelle, je lui fais répéter trois fois la même chose, pour me convaincre que je suis bien entrée dans mon rêve de petite fille. Je suis choisie ! Quelle fête à la maison.

Le premier jour des répétitions arrive, et Sylvie entre, tout simplement. Tout aussi naturellement, je cesse d'être une "fan".

À cet instant, je n'ai qu'une mission : être une bonne danseuse.

Jamais je n'ai été impressionnée par autre chose que par sa gentillesse, son professionnalisme et sa drôlerie. Sylvie travaille comme nous tous, chaque jour avec beaucoup d'ardeur, et toujours sa brosse à cheveux en guise de micro !
J'ai la chance de faire partie d'un très beau spectacle.

Ce 12 septembre 1983 est marqué à tout jamais dans ma mémoire. Dans la salle se pressent des chanteurs, des acteurs, des journalistes, tous plus célèbres les uns que les autres. Et ma maman qui a deux petites étoiles mouillées dans les yeux.

Souvenez-vous de l'entrée du show sur "Danse ta vie", accompagnée d'une chorégraphie "break dance". De "It's raining men". Nous descendions d'une passerelle gigantesque, habillées de robes vertes à paillettes, des voiles aux poignets. Je me souviens aussi du magnifique "Latino". Rosello le costumier nous avait habillées de robes à volants rouges et noirs.

Nous changions Sylvie sur scène en un minimum de temps, pour la séquence "sixties". C'était le passage le plus stressant du show et le plus rigolo aussi! Chaque soir avant le final qui reprenait encore "Danse ta vie", j'allais écouter Sylvie chanter "Aimer".

J'aime plus que toutes les autres cette chanson écrite sur mesure pour elle par Eddie. Et je n'oublierai pas son "Hymne à l'amour" qu'elle chantait la voix cassée. Elle était terriblement émouvante. Derrière le rideau, je vivais une émotion qui me rapprochait de la petite Pascale que j'étais alors.

Cette année-là, tout était fort, les fous rires dans le bus avec les musiciens, le public, les témoignages de sympathie, les voyages.

De passage à Nice, j'ai la chance de danser devant toute ma famille et mes amis de classe qui ont acheté les places des cinq premiers rangs, des mois à l'avance...

Au final, alors qu'elle présente ses danseurs, Sylvie a cette phrase adorable pour moi: "Et Pascale, qu'il est inutile, je crois, de présenter ce soir".

Imaginez la fierté de mes grands-parents et parents.
J'ai d'un seul coup un sentiment de grande plénitude, de légèreté.

Après la tournée française, nous avons fait le tour du monde. Tokyo, Osaka, Rio de Janeiro, Sao Paulo, Bruxelles, Genève, Atlantic City... Dans cette dernière ville, Sylvie a tourné "Déclare l'amour". J'ai joué dans ce clip, mais je n'ai jamais vu les images. Et vous?

Je repense souvent à Eric Alvergnat, l'ingénieur du son, à Jacques Rouveyrollis, ingénieur lumières, à Hubert, l'indispensable ami Hubert, et aux très dévoués techniciens, à Nelly que j'adore, l'habilleuse fidèle de Sylvie, à ces filles et des garçons avec lesquels j'ai partagé ces danses: Vicky, Judy, Eric, Allasan, Lee, Konki, Steve, Jim, Jean-Marc, Debbie Davis...

Sur scène, il existe une connivence, une solidarité très émouvante. Sylvie et moi avions sur certaines chorégraphies des petits regards complices. Elle était toujours "sourire". Je ne remercierai jamais assez Claude Thompson, Rick Odums. Ils ont fait de moi une femme heureuse, une danseuse accomplie.

On n'imagine pas la force des rêves.

Enfant, j'avais un cahier sur lequel je collais des photos et des articles. Sylvie gaie, Sylvie triste, Sylvie à cheval, Sylvie à la plage, Sylvie en Amérique, Sylvie amoureuse, et Sylvie maman d'un petit David.

David, en 1983, a été bon boy friend, merveilleux pour moi. Sylvie a vu ce cahier. Elle a ri, et en le refermant, elle a lancé:
- Ça ne me rajeunit pas, ton histoire.

J'ai été professeur de danse aux Studios Sylvie Vartan pendant trois ans. C'est là que Christine Coutin, productrice des émissions enfantines de TF1 "Vitamine et Vitaboum" m'a engagée pour être présentatrice.

Sylvie m'a aidée par la suite pour la promotion de cette émission. Nous avons fait des photos ensemble, et elle a gentiment répondu à des questions à mon sujet. De plus, j'eus la chance de la croiser sur les plateaux télé alors que je sortais un disque "Les mots du jour", en 1988. Sylvie me présentait comme sa danseuse, avec beaucoup de gentillesse.

J'ai rencontré le papa de ma fille au Palais des Congrès. Nous avons passé quinze ans ensemble. Il n'est plus mon mari, mais il reste un papa idéal et un ami très cher pour moi. À ce propos, savez-vous que Sylvie a "marié" un nombre incalculable de couples : chauffeur de bus et habilleuse, choriste et technicien, danseuse et batteur...

Été 1984

Les volcans d'Auvergne sont les Balkans de **SERGE,** la Tiretaine est sa Maritza, mais depuis toujours il rêve de grands espaces.

Au début de l'été 1984, je prends quelques jours de vacances et je pars à New-York avec des amis, je n'ai pas choisi cette période au hasard, car j'ai lu dans je ne sais quel magazine ou entendu une promo où il est question que Sylvie Vartan donne une série de six concerts à Atlantic-City, le Las-Vegas de la côte Est.

Ce serait bien ça, d'aller voir Sylvie en concert ailleurs qu'en France !
Elle rêve depuis longtemps de conquérir l'Amérique, elle a déjà conquis un Américain, moi aussi j'aime ce pays dont

je ne parle pas la langue, mais qui m'attire sans que je puisse dire pourquoi.

Avec mes amis de New-York, certains d'origine française, nous décidons donc d'aller à Atlantic-City assister à un de ses concerts. Une fois de plus, je suis surexcité car je souhaite non seulement voir le spectacle, voir ce qu'elle est capable de donner à un public américain, souvent blasé, mais je veux aussi la voir.

ELLE, personnellement, lui parler, lui dire que j'ai intentionnellement fait coïncider les dates de mes vacances avec les dates de ses concerts ici. Et si elle me reconnaissait? Si elle se souvenait de l'anecdote de mon stylo qu'elle a failli embarquer à Paris, neuf ans plus tôt? Ce serait amusant qu'elle se souvienne de moi.

Fidèle à ma technique d'approche donc, je me mets à prospecter dès l'après-midi. Je commence à "patrouiller" devant le Sands, immense complexe hôtel casino.

Dans le showroom de l'hôtel, j'entends parler français. Je m'approche, ce sont des compatriotes d'une chaîne de la télévision française (Antenne 2) qui souhaiteraient rencontrer Sylvie Vartan pour une interview.
N'ayant trouvé personne qui puisse les renseigner, ils repartent et je reste seul dans cette salle aussi immense que vide où ce soir, Sylvie va chanter, lorsqu'un homme vient sur scène procéder à je ne sais quel branchement. Je reconnais Hubert Le Forestier que j'ai déjà vu en photo et qui est à ce moment-là l'homme-à-tout-faire de Sylvie, comme le fut autrefois Carlos.

Je m'adresse à lui et lui dis qu'une équipe de télé les cherche pour une interview. J'en profite aussi pour lui dire que je suis venu spécialement de France et que j'aimerai bien rencontrer Sylvie après le show. Il me répond que ce sera avec plaisir, me montre une porte près de la scène et me dit de me tenir derrière le soir même, aussitôt le spectacle terminé, et d'attendre.

La soirée se passe, le spectacle est éblouissant une fois de plus. Je n'en attendais pas moins, très "show à l'américaine", mais avec beaucoup de fleurons du répertoire de la chanson française. Frissonnements de la salle lorsqu'elle s'attaque au répertoire de Piaf: "L'hymne à l'amour", "Non, je ne regrette rien" qu'elle chantera moitié en français moitié en anglais sur des orchestrations nouvelles et quelques chansons en italien. Moments de pur bonheur! LA VARTAN qui anime un show en Amérique n'est pas celle qui donne un concert en France, je ne regrette pas d'avoir fait le déplacement.

Fin du show. Comme convenu, j'attends derrière la porte que m'avait désigné Hubert, et je les vois en effet venir vers moi, Sylvie et Tony Scotti avec qui elle n'est mariée que depuis trois semaines. Au cours du spectacle, rencontrant Tony Scotti dans la salle, je m'étais hasardé à lui adresser les trois mots d'anglais que je connaissais alors. Nous ne parlons pas la même langue, la communication a tourné court, mais il a compris (à mon avis) que je suis venu là en ami puisque je suis Français.

Sylvie et Tony sont souriants, leur accueil est convivial. J'explique à Sylvie que je suis fan d'elle depuis ses débuts et qu'il me serait agréable de la recevoir chez moi prochainement, puisqu'elle doit bientôt entamer une tournée en France. J'oublie de lui reparler de l'histoire du stylo au Palais des Congrès. D'un air amusé, elle répond à mon invitation par un:
- Pourquoi pas!

Dès lors, je n'aurai de cesse de finaliser ce rendez-vous car si depuis des années, je suis un fan assidu, si j'ai déjà des dizaines d'autographes d'elle, des dizaines de photos, ce qui me plaît par-dessus tout, c'est l'approcher, lui parler. La star qu'elle est me fascine bien entendu, mais l'être humain, sa timidité, sa fragilité me fascinent et m'attirent plus encore.

14 août 1984

14 août 1984 : Sylvie va avoir 40 ans demain.
Depuis deux ou trois jours, je ne tiens plus en place, Sylvie doit chanter ce soir aux arènes de Palavas Les Flots, nous sommes en début d'après-midi et depuis le matin, je réfléchis à la stratégie pour la trouver dans Montpellier où elle a vraisemblablement réservé dans un hôtel.
À tout hasard, j'appelle le plus grand (et le plus chic) établissement de Montpellier pour demander, sans savoir si elle est là ou pas, à parler à Sylvie Vartan, on me répond :
- Ne quittez pas et on me passe la chambre. Je rêve !
C'est Hubert Le Forestier qui me répond, je me présente, il se souvient de moi, mais me dit qu'il n'a pas beaucoup de temps pour parler et qu'il me rappellera vers 17 h 30.

Je suis un peu déçu, car je n'ai pas pu parler à Sylvie, et je suis presque certain qu'il ne me rappellera pas.

Pas du tout : 17 h 30, coup de téléphone d'Hubert Le Forestier qui me demande de "venir les chercher" à l'hôtel. Je n'en crois pas mes oreilles, Sylvie Vartan a accepté mon invitation et vient dîner chez moi. Ce soir-là, je n'ouvre pas mon restaurant. Le panneau "soirée privée" attisera la curiosité des voisins, cette curiosité atteindra son point culminant une heure plus tard lorsque la Rolls-Royce marron glacé se garera devant.

Le cœur battant, je me rends à l'hôtel, je m'annonce et on me fait savoir qu'ELLE descend. Il y a un peu de monde en cette fin d'après-midi dans le hall et je surveille les ascenseurs. Sylvie arrive alors, souriante, habillée d'un ensemble noir et blanc, lunettes fumées, petit chien en laisse (SNIFF, à l'époque) accompagnée d'Hubert Le Forestier. Elle vient directement vers moi. Bon, d'accord, elle m'a vu il y a deux mois seulement à Atlantic City, mais quelques minutes seulement et je ne pensais pas qu'elle me reconnaîtrait aussi facilement.

- On fait comment? Vous montez avec nous ou on vous suit?, me demande-t-elle,
- Eh bien, suivez-moi, ce n'est pas très loin, mais le plan de circulation dans les rues de Montpellier est très compliqué.

Nous voilà partis, moi traçant la route à la somptueuse Rolls-Royce de Sylvie Vartan que conduit Hubert. Je ne peux pas détacher mon regard du rétroviseur pour voir si ELLE est bien là, toujours en train de me suivre, et je ne peux pas m'empêcher de repenser au petit garçon de 14 ans qui rentrait à pied en pleine nuit il y a si longtemps après un concert de son idole... Ce soir, l'idole, elle est là, elle le suit... quelle folie!

Nous arrivons à mon restaurant, les voisins incrédules voient une jeune femme blonde entrer dans la salle, précédée de son garde du corps qui est là pour s'assurer que tout va bien, qu'il n'y a pas de photographes, les seules photos prises ce soir-là le seront par moi.

Nous parlons, elle de son métier, moi du mien que je commence à trouver un peu ennuyeux, j'ai travaillé dans l'hôtellerie et la restauration depuis mon plus jeune âge et il vrai que depuis quelque temps, je sature un peu. Lui ayant fait part de mon attirance pour les États-Unis, elle me suggère d'aller "y tenter ma chance". Pourquoi pas? Cette discussion aura-t-elle une influence sur la suite de ma vie? Je le crois puisque, l'idée lancée ce soir-là germera dans mon esprit et un an plus tard, je vendrai ce restaurant à Gérard, un de mes amis et c'est à New-York que je commencerai ma conquête de l'Amérique...

Merci Sylvie, d'avoir réveillé en moi cette envie de bouger, de tenter des choses nouvelles.

La soirée se déroule de façon très agréable, elle se sent en confiance, elle parle, Hubert Le Forestier est quelqu'un de charmant également. Je mets en musique de fond un morceau d'elle que j'adore, "La reine de Saba". Ça la fait sourire, mais elle me demande de mettre autre chose car ça lui rappelle le travail, elle doit chanter dans un peu plus de deux heures dans les arènes de Palavas. Je lui passe donc un morceau de Barbara Streisand que j'adore aussi, et elle s'illumine, elle chante en même temps que le disque, quel bonheur ce duo Vartan-Streisand !

Le dîner est très léger, omelette, salade de tomates, roquefort, thé, car elle ne peut pas se permettre d'excès (le petit Sniff, lui a bon appétit) elle doit chanter ce soir.

Au moment de partir, elle veut payer. "Mais il n'en est pas question, lui dis-je vous êtes mon invitée". À défaut de payer l'addition, elle accepte une petite séance de photos et de dédicaces. Je possède depuis des années une grande photo d'elle que j'ai fait encadrer et sur laquelle elle écrit, avant de signer "merci pour votre accueil". Ce tableau sera désormais accroché en bonne place dans tous les restaurants que je tiendrai par la suite, aussi bien en France qu'aux États-Unis.

Encore une ou deux photos prises dans la rue, les voisins, sont restés scotchés à leurs rideaux, elle repart. Ce soir-là, je réalise que mon rêve le plus cher vient de se concrétiser, ELLE est venue chez moi !

Le lendemain, jour de ses 40 ans, un photographe du Midi Libre qui a eu vent de cet événement je ne sais comment, vient me demander si je peux lui donner une photo pour illustrer un article qui paraîtra dans la presse locale. J'accepte de donner une seule photo. L'article sera discret, gentil pour celle qui ce soir là a été" la plus belle pour aller dîner". Quinze ans plus tard, Édouard, un ami, aura la chance, lui aussi de rencontrer Sylvie à Los Angeles et de déjeuner avec elle dans un restaurant de Santa Monica. Il me rapportera l'article de journal dédicacé de la main de Sylvie.

L'éclectisme en matière de musique dans la famille de **PHILIPPE** lui fera vivre une rencontre inoubliable...

Je suis né un début 71 bercé par la musique qu'écoutent mes parents : Brassens, Brel puis Sanson, le disco et toujours le classique. Et puis parviennent de la radio des airs qui m'accrochent : Cloclo, Dassin et Sylvie Vartan. Vartan toujours. Ses mélodies qui me marquent d'abord dont "La drôle de fin", "Bla bla bla", "Petit Rainbow", "Nicolas, "Merveilleusement désenchantée". Je les écoute en boucle, sans me lasser.

Je suis resté fidèle à Sylvie, en l'ignorant, c'était la rencontre d'une vie. Fidèle même dans ses années quatre-vingt qui avancent en même temps que Sylvie devient moins présente dans les médias. Quel décalage en 1985 d'être fan de Vartan quand au lycée mes voisins de 14/15 ans s'enflamment pour Cure ou Jeanne Mas !

Cette même année, Patrick Sabatier anime les matinées de RTL. Il met en jeu "une journée pas comme les autres" en Suisse avec Sylvie Vartan.

Il se trouve que ma tante parisienne joue et... gagne !

Elle décide de partager ce gain précieux avec moi, me sachant fan de Sylvie. La nouvelle me procure une certaine joie mais aussi beaucoup d'angoisse : rencontrer en terrain inconnu mon idole.

Je pars pour Paris en décembre 1985 afin de rejoindre ma tante et nous préparer à notre super voyage.

Dans les locaux de RTL, on nous remet les billets de train, notre réservation d'hôtel et même notre argent "de poche".

Direction Genève. Le programme consiste en l'enregistrement de deux chansons de Sylvie pour une émission de la TSR "Le trèfle d'or", animée par Christian Morin. Puis un dîner dans un club privé genevois.

Très tôt nous rencontrons le sympathique Hubert Le Forestier qui nous guide dans cette aventure. Mon premier contact avec Sylvie est d'avoir l'extrême honneur de porter sur mon bras l'une de ses deux tenues pour l'émission.

Quelle responsabilité !

Puis nous nous rendons au studio d'enregistrement. Sylvie nous est présentée rapidement, elle semble aussi timide que moi, douce et fragile.

Elle regagne rapidement les coulisses pour se préparer à enregistrer sa première chanson. Le temps me semble long. Elle apparaît maintenant magnifique dans un ensemble cuir noir pour interpréter "Double exposure". Courte interview de Christian Morin, et Sylvie repart en coulisse pour se changer. Long, long, long cet intermède. Vartan revient et interprète dans une robe de velours noir sublime "If you walk away" (un de mes titres préférés de "Made in USA"). Quelques échanges avec un fan suisse qui prend des photos et il nous faut repartir, juste le temps d'apercevoir Catherine Lara qui arrive "Au milieu de nulle part".
Nous nous séparons afin de nous préparer pour la soirée. Hubert Le Forestier nous conduit dans un club privé. Sylvie arrive en même temps que nous. Elle est à nouveau accostée par des fans qui lui demandent de poser avec elle. C'est toujours aussi disponible, gentille et modeste qu'elle accepte et se prête au jeu.

Après cette petite séance de photos improvisée pour ses

fans, nous allons nous installer dans un coin tranquille. Là quelques amis nous attendent ainsi que Tony Scotti et Michel Sardou. La conversation va bon train, tantôt en français, tantôt en anglais. Je ne capte pas tout, tant je suis impressionné, me demandant si je suis dans la réalité ou dans un rêve.

Plus tard dans la soirée, photos et toast à ma tante, Sylvie attentionnée et incroyablement gentille sort de mon quotidien pour rester à jamais dans ma vie de fan. Nous la raccompagnons dans son palace avec Tony. Qu'elle est douce et belle mon idole!

En ce mois de décembre 1985, je n'ai pas 15 ans mais j'ai compris que Sylvie ne pourra jamais me décevoir et fera partie à jamais de ma vie. J'en suis fier. Je suis comblé. Mais je n'y suis pour rien, elle s'est imposée à moi car elle est la plus grande artiste: une star humaine.

Un coin du voile se lève, pour **JEAN CLAUDE...** un soir d'octobre 1988!

J'assiste à la reprise de Starmania au Théâtre de Paris... En retirant mes billets, j'entends un "yes" énergique: derrière moi, Sylvie et son mari Tony Scotti... Sylvie élégante en tenue costume noir et natte... M'étant replié dans un coin du hall, j'observe le couple qui bavarde avec le directeur du théâtre.
Vais-je tenter un contact? Par souci de discrétion, je rentre dans la salle afin d'assister au spectacle.

De retour chez moi, je me mets à écrire trois pages à Sylvie, à son adresse parisienne pour lui faire part de mon émotion et tenter une approche plus fine en lui expliquant mon envie de lui parler mais aussi mon hésitation.

Quelques mois plus tard, je reçois une lettre à la belle écriture ronde, une belle page et demie où Sylvie me remercie

de mon courrier, elle trace des mots élégants et pudiques pour me faire part de son plaisir à me lire, beaucoup de chaleur et de sensibilité s'en dégage, témoignage touchant et justifiant la fidèle admiration que je lui témoigne depuis ses débuts.
Mais oui, ces débuts pour moi, ce premier face à face !

Dans les années sixties, j'exerçai avec passion l'activité de chasseur d'autographes, dans de nombreux music-halls, notamment Bobino ou l'Olympia.
Je traînais longuement dans les coulisses pour côtoyer les artistes.
C'est ainsi qu'un dimanche de 1962, je vis arriver dans la cour de l'Olympia (l'ancien) donnant sur la rue Caumartin une jolie jeune fille châtain, cheveux courts, au visage félin, vive, spontanée et timide à la fois. Elle chantait alors quatre chansons en lever de rideau. Ma mère aimait plus que moi cette débutante à la voix rauque et rock. Elle signa sa photo en noir et blanc et y ajouta une jolie marguerite.

Puis il y a eu ce premier choc visuel :
Au lendemain des incidents du Cannet, j'étais devant mon téléviseur, le midi et un reportage fracassant sur ce concert raté m'accroche. Le maire furieux fait interdire "les idoles" et déclare leur disparition prochaine... Sylvie apparaît, affirmant avec rage et volonté qu'elle sera toujours là dans dix ans ! Puis vient la chanson déclic : "I'm watching you" de Paul Anka, coup de foudre pour la mélodie nerveuse, la voix rugissante telle une lionne.
Quel punch ! Je cours acheter son premier LP : L'album au chapeau melon.
Puis il y a cette première émission télé en public. Je suis dans le studio de l'ORTF pour Télé Dimanche de Raymond Marcillac. Sylvie apparaît en combinaison blanche ou plutôt un élégant smoking Yves Saint Laurent. Elle affirme "Je voudrais être un garçon, comme toi...". Très androgyne déjà et poupée blonde à la peau cristalline... plusieurs chansons... Je saute sur la scène et monte dans les coulisses. Sylvie en

robe verte (tulle) et col doré est là. Carlos nous prend en photo. Un souvenir se grave!

Pour son Olympia mythique avec mes parents, nous sommes dans cette salle pour une triple affiche exceptionnelle en 1964... Le marteau de Trini Lopez résonne autant que Guatanamera... un tabac... Sylvie, en "sandwich" entre Trini et les Beatles, débute timidement, pâle et fragile, public scindé en deux, partagé entre hurrahs et huées machistes. C'est la bataille, "La, la, la" subit cette lutte, notes altérées, émotivité, puis la voix s'affirme et triomphe avec "La plus belle pour aller danser". Belle empoignade dans le public encore. Sylvie s'impose en bleu réel. J'en garde encore la voix enrouée par le souvenir.

Un lien précieux pour moi, "Le Club Sylvie".

De nouveau l'Olympia pour la réunion des fans. 1970. Président Jean-Luc Azoulay, maître d'œuvre Carlos. Nous avons droit à la projection de "Sylvissima", le premier Olympia en vedette de Sylvie. Elle a gravi le dernier échelon (lever de rideau, vedette anglaise, vedette américaine, co vedette) et ses galons de star. Bonne ambiance et l'occasion de se retrouver enfin entre fans de Sylvie. Un regret: les différents Clubs se sont succédé... qu'en reste-t-il?
Olympia 70 et 72. Après son accident, Sylvie "monte" deux shows à l'américaine, chorégraphies US où elle révèle toutes ses qualités scéniques.

Elle est prête pour des comédies musicales! Pour ces deux spectacles, je prends seize fois le chemin de l'Olympia et rencontre Arthur Plasschaert avec qui Sylvie a travaillé aussi pour les shows T.V.. Dans l'ombre, j'ai ma petite caméra Bauer super 8 qui garde quelques moments muets et émus de ces deux spectacles.

Je m'évade, je m'évade, mais en même temps j'aime tellement me remémorer ces doux moments.

Revenons à la teneur de cette lettre réponse qu'elle m'a adressée en 1989... Elle est touchée par le fait que j'apprécie la qualité de son répertoire et par la délicatesse de la démarche. À travers ces lignes, je découvre une femme cultivée, émouvante, d'une sincérité absolue, un lien invisible qui conforte mes "correspondances" implicites avec elle. Beaucoup de générosité et un engagement, un don de soi qui m'émerveillent, en même temps beaucoup de pudeur mais aussi beaucoup de chaleur humaine. Cette lettre demeure pour moi "un jardin dans mon cœur".

Je découvre soudain pourquoi j'admire et j'aime à la fois cette personnalité secrète.

Après huit ans d'absence, retour à la scène au Palais des Sports en 1991. Quelle émotion de retrouver "Je vous salue Paris", malgré les départs de Lydie Callier et d'Aldredo Arias que j'admire beaucoup. Étienne Daho est bien là.

Malgré le bruit des bombes, la magie opère avec des "standards" retrouvés et réorchestrés, beaucoup de couleurs, des matinées avec moins de spectateurs, pas de "filmage" sauf à titre privé. Sylvie assure magnifiquement...
"Imagine" ou "C'est fatal" la transcendent.

Un soir, je l'attends pour lui remettre un bouquet de camélias blancs. Eddie, son frère est là, souriant et simple, comme on l'aimait! Sylvie, très entourée et un peu tendue, surgit des coulisses. Le bouquet lui rend son sourire.

Elle caresse délicatement les fleurs et m'en tend une, en signe de lien. Je lui joins un bristol avec quelques mots.
Une semaine après, un joli carton dentelé me parvient avec un message amical de remerciements tracé au feutre argenté. Les fleurs sont toujours des mots d'amour!

Enfin, cinq ans plus tard, retour à l'Olympia avec "Toutes les femmes ont un secret..."

Sylvie soigne une trachéite tenace. Pour sa dernière représentation, elle s'arrête dans cette chanson, titre d'un bel album signé Simon, Murat, Cocciante entre autres. Des larmes lui viennent aux yeux, elle reprend les aigus du refrain et malgré le handicap vocal et la fatigue, tout le spectacle en tressaille d'émotion. Sylvie a gagné comme toujours avec panache et force de caractère. Sa volonté emporte tout, même l'adhésion des plus réticents.

Ou bien on l'aime, ou bien on la déteste, pas de demi-mesure, ni tiédeur quant à l'appréciation ou la dépréciation.

Elle sait aussi rendre interactif ses spectacles et faire se réaliser les rêves de certains, ceux de **JACQUES,** qui, né en 1954, appartient à cette génération qui a eu son enfance bercée par le rythme des "yé-yés".

Les souvenirs sont sélectifs... je me souviens en ce début des années soixante d'inscriptions géantes sur les murs, "paix en Algérie", des discussions inquiètes des adultes que je ne comprenais pas... Tout à mon insouciance, je préférais écouter sur un "transistor", de la marque "Grandin" je crois, des chansons qui faisaient lever au ciel les yeux de mes parents. Très vite j'ai choisi ma favorite entre toutes, c'était Sylvie. À vrai dire, je n'ai pas le souvenir précis de comment c'est arrivé, mais ce qu'il y a de sûr, c'est qu'au moment de "Si je chante", j'étais effectivement persuadé que ce n'était que pour moi.

Au fil des années, ma ferveur ne s'est jamais démentie et si une chaîne sophistiquée a succédé au Teppaz d'antan, l'engouement est resté le même.

Bien sûr, je ne manquais pas un show télévisé, et une fois à Paris j'ai été de tous les concerts à partir du premier passage au Palais des Congrès.
Souvenir ébloui de cette première rencontre ; enthousiasme retrouvé à chaque rendez-vous.

Pour 1996, dernier spectacle avant la démolition de l'ancien Olympia, Sylvie chantait "Comme un garçon" en invitant chaque soir un spectateur à la rejoindre sur scène pour siffler avec ses chœurs et esquisser quelques pas de danse sur le final de la chanson.

J'étais bien sûr dans les tous premiers à aller applaudir ma chanteuse de toujours, et n'étais reparti qu'avec le regret de n'avoir pas été choisi.

Il est vrai que situé au-delà du 10e rang, la probabilité était mince.

Octobre 1996

Quelques jours plus tard, coup de fil d'un ami, - Pascal je t'en serai toujours reconnaissant - pour m'avertir que devant le succès de Sylvie à cet Olympia, une semaine supplémentaire s'ouvrait pour la location, dès le lendemain.

Bien noté! En fin de matinée, j'étais boulevard des Capucines. Peu importait le soir, pourvu qu'il y ait un premier rang. Est-ce encore possible?

- Bien sûr Monsieur, j'ai deux places au centre pour vendredi.
- Merci beaucoup, je suis très heureux car voyez-vous, je vais danser avec Sylvie!
Le regard étonné du caissier n'entama en rien ma certitude: dans 10 jours, le siffleur-danseur, ce serait moi.

J'étais au premier rang, il me restait à donner le coup de pouce pour que Sylvie me choisisse moi et personne d'autre. Je décidais alors que la meilleure façon de me faire remarquer était de lui offrir des fleurs au cours de la première partie, à l'issue d'une chanson qui lui tenait à cœur.

Il m'est apparu comme une évidence que "Toutes les femmes ont un secret" était l'instant idéal.

J'avais choisi un bouquet rond, blanc et vert en ayant demandé au fleuriste d'y inclure une branche de gardénia (je croyais avoir lu quelque part que Sylvie adorait cette fleur là) en précisant :
- Vous comprenez, je vais à l'Olympia écouter Sylvie Vartan.

Le gardénia, je le sais depuis, n'est pas spécialement adapté aux bouquets ronds... mais finalement, entre roses et lys, cela faisait une composition tout à fait charmante.

Enfin ce fut le grand soir, et à peine entré dans la salle aux fauteuils rouges, j'évaluai la facilité de monter sur la scène à l'appel de Sylvie. Cela me parut haut (je n'ai rien d'un sportif) et m'installant dans mon fauteuil, je pensai "on verra bien".

Ma sœur Catherine qui m'accompagnait, m'a soufflé :
- Pour moi, c'est tout vu !
Lumières éteintes, le spectacle a commencé et comme chaque fois, la magie opérait. Les femmes ne livrèrent pas leur secret mais je déposai le bouquet aux pieds de Sylvie qui le montra au public en remerciant puis le posa sur le piano. À la fin de la première partie où elle monta même twister sur le dit piano, je la vis avec ravissement revenir sur ses pas pour emporter le bouquet rond à la branche de gardénia. Inutile de dire que l'entracte me parut long, interminable. Je réévaluais la possibilité de monter sur scène avec aisance. Je ne fus pas plus rassuré qu'à l'arrivée !
Le show reprit avec cette incertitude : si elle m'invite et que je n'arrive pas à monter sur scène, c'est sûr que je vivrai un moment de grande solitude !

Puis l'instant vint où Sylvie dit :
- Pour la chanson suivante "Comme un garçon", j'ai besoin d'un siffleur.

Se dirigeant vers la gauche de la scène elle s'adressa à un premier garçon :
- Bonsoir,
puis semblant hésiter, elle ajouta :
- Non, ce ne sera pas vous.
Elle se dirigea vers le centre de la scène, balayant du regard la salle et s'arrêtant devant moi dit :
- Vous, Monsieur.

Je ne sais comment et le saurai sans doute jamais, je me suis retrouvé à côté de mon idole de toujours. Oubliée, la difficulté d'accès, j'étais là, étonné, à la fois heureux et il faut bien l'avouer, un peu perdu.
« En tout cas, il avait envie de venir », a commenté Sylvie.
Puis, hors micro :
- Bonsoir.

Et moi qui depuis des années attendais cet instant, je n'ai trouvé à répondre que :
- Bonsoir Madame !
Qui plus est, en tendant une main tremblante à une Sylvie amusée et un peu étonnée sans doute par la tiédeur de son porteur de bouquet.
- Savez-vous siffler ?
- Euh, pas vraiment
Sylvie reprenant le micro
- C'est parfait, il sait siffler
- Quel est votre prénom ?
- Jacques
À ce moment, les trois choristes vinrent autour de moi en me soufflant de faire comme si je sifflais, tandis que moi je me contentais d'être là, tout à mon bonheur.

Puis pendant l'intro de la chanson, je m'assis sur un tabouret haut, les trois choristes tout près, et la chanson se déroula tandis que j'étais tout à ma joie d'être là.

Cet instant pour moi était magique et j'oubliai les 2000

personnes face à moi, isolé dans une bulle de félicité totale jusqu'au moment ou s'arrêtant de chanter, Sylvie dit :
- Ce n'est pas tout, Jacques, il faut faire le show !

Elle m'invite à descendre de mon tabouret pour esquisser quelques pas de danse, elle toute de grâce, moi d'une démarche beaucoup moins élégante ! Deux allers-retours de gauche à droite de la scène avant le célèbre "Voilà !".
Sylvie :
- On applaudit très très fort mon danseur d'un soir. Bravo Jacques, vous avez été épatant !
Puis pendant les applaudissements, hors micro.
- Merci beaucoup pour la danse et le bouquet, je crois que si je veux une bise, c'est à moi de vous la demander,
en se penchant pour m'embrasser.

J'étais au-delà du bonheur, et lui dis :
- Évidemment je ne l'aurais pas fait d'emblée car après tout, les artistes ne nous appartiennent pas.

- En tout cas, me répondit-elle, j'ai eu le temps de sentir que vous étiez quelqu'un de gentil.
Reprenant le micro, elle dit :
- Merci encore Jacques, et à bientôt.

Je rejoignis mon fauteuil, ma sœur m'assura que j'avais été parfait et mon autre voisine crut même que j'étais un complice !

À la sortie du spectacle, plusieurs personnes me voyant dirent :
- C'est le siffleur.
Je n'étais pas peu fier.

Ces émotions, je ne les oublierai jamais, et depuis, dans un coin de mon ciel, flotte un petit nuage : c'est celui sur lequel j'ai été un soir d'octobre 1996, le temps d'une chanson... ce n'est pas rien !

L'ambiance est un peu différente, plus sage, contrairement à **PAUL** dont les souvenirs de la courte vie ressemblent à un vaste tourbillon dans lequel un fil conducteur a relié toutes les étapes: "mon amour, et mon admiration pour Sylvie".

Cet amour n'est pas comme les autres et pourtant c'en est bien un, qui a vu le jour une belle nuit d'août 1979.

On dit que le mois d'août est celui des étoiles filantes dans le sud de la France, il faut croire que la mienne brillait tout autant que celles de cette nuit d'été, la permanence en plus. J'allais le découvrir.

Les shows des Carpentier, leur magnificence et leur originalité ont marqué mon esprit d'enfant et préparé ce choc qu'a été pour moi cette première vraie rencontre avec Sylvie, elle sur scène, blondissime et virevoltante, et moi dans l'ombre, palpitant et transi de sentir que dans mon adolescence tendre et rêveuse, la réalité m'apporte brusquement à voir, à écouter et finalement à vivre tout ce que j'ai tant aimé jusque-là, et attendu inconsciemment. Bourrasque émotionnelle.

Le premier concert a été le formidable révélateur des choix que je n'ai fait que confirmer ensuite, durant toutes ces années où fidèle à mon cœur, je n'ai cessé de découvrir et d'aimer Sylvie.

D'elle, je ne connaissais presque rien sinon déjà que toute ma famille l'admirait, comme une artiste lumineuse qui accompagne la vie de tous les jours par des chansons tellement présentes, gaies ou tristes, et sur les photos papier glacé des grands hebdomadaires, de ceux qui colorent l'Événement, l'Actualité, "Les gens" dont chacun finalement réclame sa part de rêve, pour agrandir sa vie et repousser les frontières de son anonyme existence.

Et puis l'excitation d'aller voir pour la première fois un spectacle, un artiste sur scène, avait facilement emporté ma rêverie d'enfant un peu timide mais tellement amoureux de la musique, des "mondes parallèles" qu'offraient les émissions de variétés, ce tourbillon de paillettes et de refrains vite retenus et tant fredonnés après.

La nuit est tombée progressivement sur le théâtre de la mer de cette jolie station balnéaire, et tandis que le noir se faisait au dehors, un ouragan électrique violent, vecteur d'émotions et de sentiments extrêmes, m'a submergé, lumières, musique, danseurs, musiciens et choristes, et elle, elle, elle, au milieu de cette féerie, belle, si belle, blonde, si légère, et souriante, enjôleuse ou câline, souveraine, tellement mobile, extraordinaire.

J'ai compris ensuite lentement, au fil des années, pourquoi je l'ai tant aimée. Parce qu'aux prises avec l'enfance, c'est sûr, et elle nous y promène de façon si raffinée, si sensible. Mais aussi par la grâce, l'élégance, la sûreté de ses choix, tant musicaux que pour tout ce qui la concerne, et toute cette luminosité autour d'elle, ce vertige si maîtrisé, si nécessaire.

L'artiste s'est doublée d'une femme merveilleuse que l'on a prise dans nos vies un peu comme un repère. Cela n'arrive peut-être qu'une fois dans une vie, cette chance étonnante et rare de sentir qu'un processus d'identification profonde peut opérer en soi. Combien de fois ai-je senti que dans mon anonymat, je faisais les mêmes choix de vie, je pensais les mêmes choses des événements ou des gens, j'appliquais ou je ressentais les mêmes couleurs aux différentes périodes de ma vie. Curieusement, les phases de mon existence restent très précises, et autant de chansons de Sylvie y sont associées, avec du bleu pâle et du jaune pour mon enfance, puis du bleu nuit et du rose en toile de fond, en "wall paper" de ce grand écran sur lequel s'illumine et s'anime ma vie.

Je n'ai jamais eu à réfléchir à ce qui m'attachait à Sylvie, le lien qui m'unit à elle m'a toujours dépassé, viscéral. J'ai essayé de comprendre, de m'éloigner, de m'en défaire. Rien à faire. À une courte pause que m'imposaient mes études ou mes amours, succédaient comme en écho les élans de cœur incontrôlés qui m'ont toujours ramené avec délices vers elle et son actualité, objet de toutes mes passions.

Ce qui est merveilleux avec Sylvie, c'est que finalement ce lien s'inscrit dans la continuité, et c'est une des rares artistes françaises à n'avoir connu ni choisi d'éclipses trop longues, en dehors de la seule courte période 1987-1989, tant habitués que nous étions jusque-là à la retrouver plusieurs fois par an... Celle-là tombait bien, j'ai révisé deux bonnes années le difficile concours d'accès de l'Internat de médecine, et Sylvie est revenue sur le devant de la scène avec "Confidanses" le jour ou j'ai terminé... mon dernier écrit! Je me suis surpris à penser qu'il y a des signes qui ne trompent pas. Les événements marquants de ma vie ont curieusement "collé" à son actualité.
À moins que ce ne fût le contraire? Private joke! Non! je me prends à rêver.

Après les concerts au Palais des Sports en 1991 qui furent de grandes retrouvailles après tant de mois d'absences, et d'années sans scène (huit ans), attente interminable pour moi, j'assiste à une représentation merveilleuse au Casino de Paris où, après l'éblouissement du spectacle, je brûle de dire mon enthousiasme à Sylvie.

La salle s'est vidée, je suis tapi entre l'ombre et la lumière, impatient.

Au fond de la salle, de part et d'autre de l'avant scène, deux portes. Laquelle choisir? Le hasard combiné à la chance m'a mené tout droit à elle, passant les cordons de sécurité et les corridors contrôlés.

Quelques personnes devant moi sont déjà arrivées jusqu'à elle. Cela m'a laissé tout le loisir de la contempler et de ressentir combien je l'aimais, tantôt mutine avec d'autres artistes venus la féliciter, tantôt câline (et patiente) avec les fans de tous âges contenant difficilement leur admiration et leur engouement, lui proposant dans l'euphorie de l'instant, qui un repas en tête à tête, qui une soirée particulière ou de se rappeler très vite par téléphone. Sylvie patiente, Sylvie aimante, Sylvie présente, souriante, disponible, à l'écoute sous ce déluge de compliments, femme si belle, exubérante tout à l'heure sur scène, et en coulisse si raisonnable et modeste !

Je suis au comble du ravissement, mais je modère mes ardeurs, et dans un souffle admiratif lui ai murmuré :
"Vous êtes magnifique !", tant je voulais résumer en un mot la démesure de mon attachement pour elle.

Revenu à mon hôtel - j'habite la province - je n'en ai pas dormi de la nuit.
Puis il y a les Olympia de la fin des années quatre-vingt-dix, et les rencontres plus privées dans les salons de l'ambassade de Bulgarie à Paris pour la "bonne cause", la seule qui me motive en toute confiance dans mon désir d'agir utilement pour mon prochain, petite goutte d'eau dans l'océan de larmes des misères de l'humanité, à commencer par celle des enfants bulgares. Merci Sylvie de me donner aussi l'occasion en vous aimant d'être un peu meilleur, juste un peu pour dire que mon attachement à vous n'est pas vain mais sert vraiment à quelque chose et pour quelques-uns. Merci Sylvie ! Cela n'a pas de prix.

Eté 1997

Outre Atlantique, **SERGE** ayant suivi sa bonne étoile et quitté son soleil de Montpellier, est installé aux États-Unis depuis maintenant douze ans, après des débuts difficiles à New-York.

Je suis arrivé ne parlant que le français, je tiens un restaurant à Birmingham (Alabama), avec Richard, qui fût mon professeur d'américain. Sylvie étant une quasi-inconnue aux États-Unis, j'avais été étonné quand Richard m'avait dit qu'il la connaissait, qu'il l'avait vue dans un show TV, "The Tonight Show" de Johnny Carson, le Drucker local. L'animateur s'était aventuré auprès de Sylvie à lui glisser quelques phrases en français. Richard est désormais converti à ma religion dont la déesse est Sylvie Vartan, il connaît les chansons, les dates, les concerts presque mieux que moi.

Durant toutes ces années passées aux États-Unis, je ne me suis absolument pas déconnecté de ma passion pour Sylvie. Je continue de suivre fiévreusement toutes ses apparitions télé grâce à TV5, ses disques sortis dans l'intervalle (1985-1997) m'ont été régulièrement envoyés par mes sœurs. Les vidéos des concerts aussi, bien que ce soit un peu frustrant de ne plus pourvoir aller la voir sur scène. Je consulte aussi quotidiennement le site internet créé par Laurent Dostes et c'est d'ailleurs sur ce site qu'un jour, j'apprends que dans le cadre des Francofolies, Sylvie va présenter un concert unique à Montréal. En fait il s'agit de son Olympia 1996 qu'elle promène un peu dans toute la France depuis plusieurs semaines et qu'elle transportera outre-atlantique pour une seule représentation le premier août 1997. Ma décision est immédiate, Richard et moi n'avons jamais fermé un seul jour notre restaurant "Bon Appétit", eh bien là, nous allons fermer, on ne peut pas rater ça. Nous nous envolons donc pour Montréal.

Nous sommes déjà venus dans cette ville que nous aimons et bien sûr, il me prend l'envie de LA rencontrer à nouveau, avant ou après le spectacle, peu importe mais lui parler, lui dire que mon admiration est telle que j'ai fait des milliers de kilomètres pour elle.

Promenade repérage dans les rues de Montréal, difficile de

téléphoner à tous les hôtels cette fois-ci, comme je l'avais fait à Montpellier en 1984. C'est alors que tout à fait par hasard, en cherchant Sylvie Vartan, on rencontre... Sacha Distel, présent ici lui aussi pour les Francofolies. Sympa, Sacha, il nous dit que Sylvie loge à l'hôtel "Place des Arts", mais qu'elle est en ce moment en train de répéter au Théâtre Maisonneuve jusqu'à 16 h 30.

Nous nous y rendons et rencontrons Tony Scotti dans le hall du théâtre. A aucun moment il ne m'est venu à l'idée (sans jeu de mot) que la porte de l'ascenseur va s'ouvrir et que Sylvie va en sortir. Je la reconnais à peine ! Elle a les cheveux courts, je l'ai vue à la télé comme ça, mais j'avais gardé d'elle le souvenir de sa longue chevelure blonde. Pourquoi se dirige-t-elle directement vers moi ? M'a-t-elle reconnu ? Je lui remémore la soirée passée chez moi la veille de ses quarante ans. Richard et moi sommes accompagnés de mon neveu Ludovic, il est né l'année de la sortie de la chanson "Nicolas". En rougissant, il lui dit qu'il adore cette chanson. Elle accepte de nous dédicacer quelques photos et pochettes de disques, elle accepte aussi que nous fassions des photos puis nous l'accompagnons chez un disquaire dans le quartier. Je lui parle de ma collection de disques d'elle, de certaines pièces "rares" qu'elle-même ne possède pas. Richard et Ludovic la trouvent charmante, tellement différente de l'image qu'elle donne d'elle à la télévision et encore, ils ne savent pas ce que c'est de la voir sur scène...

Entrée sur scène, Sylvie la pudique, la chaleureuse, redevient Vartan la Star, qui pendant deux heures va tout donner, outre son show, ce soir elle va chanter "à la carte" au gré des demandes du public qui en veut toujours plus. Elle enchaîne les titres sans compter le nombre de rappels jusqu'à ce qu'elle finisse par dire presqu'en s'excusant :
- Mais je n'en ai plus, j'ai tout chanté.

Un dernier rappel entre deux bouquets de fleurs que lui

tendent ses fans, ce sera “Nicolas” qu’elle commencera en jetant un clin d’œil à Ludovic au premier rang et qui aura l’impression qu’elle ne la chante que pour lui.

Cette tournée d’été 1997 qui va passer par les Francofolies de Montréal a débuté le 11 juillet à Monaco et comporte trois dates dans la Principauté. Pour **VÉRONIQUE** c’est la tournée des “Grands Ducs”...

Depuis le temps que Sylvie n’a plus fait de tournée d’été, je ne peux pas rater ça. Du coup, dès que les dates des villes sont connues, je m’empresse de réserver des places pour les divers concerts. Christian et moi décidons de nous rendre pour le week-end à la soirée de gala du Sporting Club de Monte-Carlo, où Sylvie doit chanter trois soirs de suite. Le week-end va être royal, car nous avons prévu les choses en grands ; départ en avion de Genève pour Nice, transfert à Monte-Carlo en hélicoptère et soirée de gala en compagnie de Sylvie. Évidemment, tout ça n’est pas donné, mais quand on aime... Et puis comme vacances d’été, j’ai connu pire !

Nous passons donc le week-end sur le Rocher et nos soirées avec Sylvie. Des moments inoubliables pour nous (on en parle encore !). La soirée de gala se déroule en compagnie de la famille princière, qui dîne à la table voisine en toute simplicité. Il y a Rainier, sa sœur et ses enfants Stéphanie et Albert de Monaco.

Une tombola est organisée au profit de la SPA, Patrick Sébastien anime le tout de main de maître. La salle est comble, beaucoup d’Italiens ont fait le déplacement.

Après quelques divertissements, Sylvie arrive sur scène entre fromage et dessert. Le spectacle est un triomphe et Sylvie semble ravie d’être là. Le week-end s’achève et nous rentrons en Suisse, la tête pleine de souvenirs, pour reprendre le travail.

Trois jours plus tard. Je repars par le train de nuit pour Carcassonne, où Valérie m'attend au petit matin, à mon arrivée à la gare. Elle vient de Paris, également par le train. Nous prenons un taxi pour nous rendre à l'hôtel, situé au cœur même de la cité médiévale. J'avais oublié combien cet endroit est superbe, avec ses remparts, ses tourelles et ses rues pavées entièrement piétonnes. Après un peu de tourisme, nous décidons d'aller nous reposer avant le spectacle du soir et retournons à notre hôtel. Il est 15 heures et le soleil brille, mais nous avons peu dormi dans le train et décidons de faire la sieste. En me penchant par la fenêtre pour fermer les volets, je vois trois personnes sortir d'une voiture devant l'entrée de l'hôtel d'en face et je reste bouche bée : Sylvie est là, a quelques mètres de moi, elle arrive à Carcassonne.

J'appelle mon amie et nous restons toutes les deux fascinées derrière les volets à moitié fermés, à regarder Sylvie.

Elle est vêtue d'un pantalon corsaire blanc, d'un t-shirt bleu, porte une casquette et des lunettes de soleil. Après avoïr récupéré son sac et quelques affaires dans le coffre de la voiture, elle pénètre dans l'hôtel et disparaît de notre vue.

Du coup, notre fatigue s'est envolée et nous décidons d'aller voir l'endroit où elle chantera. Ce sont les Arènes, au cœur de la cité et la scène a été montée entre deux tours des remparts, en plein air. Le décor naturel de l'arrière-scène est du plus bel effet. Malheureusement, nous ne sommes pas autorisées à rester dans l'enceinte du spectacle pendant les répétitions. Nous repartons donc à l'hôtel et dormons une petite heure.

Enfin, le moment tant attendu du spectacle approche et nous nous empressons d'entrer dans les arènes. Le crépuscule donne une lumière belle et mystérieuse et le vent s'est levé. Le public est assis et le show peut commencer. Sylvie arrive, cheveux aux vents et nous passons 2h35 de bonheur en sa compagnie, dans ce superbe endroit.

Après une bonne nuit à Carcassonne, nous reprenons le train et faisons halte à Montpellier, pour profiter de la mer. Puis, nos chemins se séparent et alors que Valérie rentre à Paris pour retourner en Belgique, je reprends le train pour Lyon, où Sylvie chante demain dans le Théâtre antique des ruines de Fourvière. J'y retrouve Daniel, sa maman et Olivier. Nous assistons aux répétitions, juchés sur des ruines, en plein soleil, par une chaleur torride. Alain nous a rejoints de Paris pour le spectacle du soir, devant un public conquis. Le lendemain matin, je rentre en Suisse et retourne travailler.

La semaine suivante me voilà repartie, avec mon frère, en direction du midi, mais en voiture cette fois. Le prochain spectacle a lieu à Ramatuelle et Daniel et moi assistons aux répétitions de Sylvie. Il fait une chaleur torride mais elle n'a pas l'air d'en souffrir. Elle chante, elle danse. En fin d'après-midi, comme je n'ai pas de billet, je vais me renseigner au guichet du théâtre de Verdure où il reste encore quelques places. Je me retrouve au deuxième rang, juste derrière Annie Girardot, Maritie et Gilbert Carpentier venus applaudir Sylvie. Quel beau souvenir et quelle émotion que ce spectacle. Jean-Claude Brialy est en coulisses et regarde Sylvie avec admiration. Le Théâtre affiche complet. une légère brise s'est levée et l'atmosphère est agréable. L'ambiance est chaude et en fin de spectacle, Sylvie rend hommage à Annie Girardot, qui lui tend un bouquet de tulipes blanches. Sylvie se penche pour l'embrasser et le moment est très émouvant. Avant de quitter la scène, elle envoie un baiser aux Carpentier. Après le spectacle, Sylvie dédicace des programmes et autres billets, coincée entre le bar et les coulisses. Elle est adorable, pleine de gentillesse.

Le lendemain à Cannes, je dois retrouver Betty, venue spécialement d'Italie avec une de ses amies, Giovanna. Après la visite de la ville, nous allons au Grand Auditorium où Daniel nous retrouve. Il est très énervé car il vient juste de voir Sylvie qui arrivait dans le théâtre. Malheureusement, nous l'avons manquée. Tant pis, le spectacle a lieu dans la salle du Palais des Festivals et Sylvie est très détendue. L'entrée en scène est un peu différente des spectacles en plein air, puisqu'elle reprend la même arrivée qu'à Paris, avec un film projeté sur écran géant, ce qui techniquement, n'est pas possible en plein air. Après le concert, Sylvie s'en va pour rejoindre son hôtel, non loin de là, et dîner.

Aix-en-Provence, 9 août, je retrouve Daniel et Dominique qui sont venus m'attendre à la gare. Ils m'emmènent à mon hôtel, puis nous partons pour le Théâtre de Verdure. Sylvie n'est pas là pour faire la balance car elle arrivera au dernier moment, nous dit-on. Qu'à cela ne tienne, nous irons faire un peu de tourisme dans la ville. Il fait toujours une chaleur étouffante et les grands arbres de l'allée offrent une relative fraîcheur bienvenue. En fin d'après-midi, nous revoilà au Parc Jourdan pour le spectacle du soir et quelques fans attendent déjà devant les grilles de l'entrée du parc. Une grande voiture noire arrive et on entend une rumeur :
- C'est Sylvie qui arrive !

Effectivement, à l'avant de la voiture, il y a quelqu'un portant une casquette et des lunettes noires, avec un petit chien blanc sur les genoux. Daniel se penche et salue, la personne tourne la tête et... ce n'est pas Sylvie mais le regretté Élie Kakou. Tout le monde éclate de rire et Daniel est tout penaud.

Enfin, les grilles s'ouvrent et nous pénétrons dans le parc par une toute petite porte, ce qui crée une énorme bousculade.
L'organisation n'est pas très au point, mais le spectacle reste magnifique. Malheureusement, la scène est très éloi-

gnée des premiers rangs et le service d'ordre se montre intransigeant. Ce ne sera pas le meilleur souvenir de cette tournée, mais la soirée fut quand même bonne.

Après une nuit blanche, car un orage très violent s'est abattu dans la région pendant la nuit, je me réveille au petit matin et constate que la rue principale de Vaison-la-Romaine est transformée en torrent boueux. Zut : le spectacle de Sylvie a lieu en plein air !

Dans la matinée, je vais aux nouvelles à la billetterie du Théâtre Antique et là Gilbert Coullier, le producteur de la tournée et Charley Marouani, l'agent de Sylvie, prennent la décision d'annuler le spectacle. Daniel arrive vers 13 heures et me retrouve, toute désespérée sous mon parapluie. Pas de spectacle ce soir. Dès 16 heures, le soleil brille de tous ses rayons (ô rage, ô désespoir...), mais il est trop tard pour monter tout le matériel. Nous reprenons la route.

L'itinéraire de la tournée nous fait remonter doucement vers le Nord de la France. Aujourd'hui Aix-les-Bains et Colmar demain. Christian nous a rejoints à Aix. Comme les billets du spectacle ne sont pas numérotés, nous nous entassons dès le milieu de l'après-midi devant l'entrée du Centre des Congrès afin d'avoir les meilleures places. Il fait une chaleur épouvantable et certaines personnes commencent à se sentir mal. Puis c'est la bousculade pour entrer, après plusieurs heures de patience. Et enfin, nous sommes installés dans la salle.

L'ambiance est électrique et Sylvie le ressentira probablement car elle nous offrira ce soir-là un spectacle extraordinaire, plein d'énergie et de rappels.

Le public est debout et ne veut pas la laisser partir... Les musiciens et Sylvie n'en reviennent pas, et nous non plus !

J'ai passé la nuit chez mon amie Sylvie (une autre Sylvie)

et dès le matin, nous retrouvons Christian à Lausanne. Sylvie fera le voyage à moto avec un de ses amis et Christian et moi irons en voiture.
Nous voilà partis pour Colmar.

Notre hôtel se situe juste en face du Parc des expositions et nous n'avons qu'une route à traverser. Ensuite, il faut passer par tous les stands de dégustation de la foire aux vins avant d'accéder à la salle où aura lieu le concert.

Nous y retrouvons Daniel et Dominique, qui ont eu la gentillesse de nous garder des places, mais Sylvie et son ami ont disparu. Nous commençons à nous inquiéter lorsqu'ils arrivent enfin, un peu éméchés. Ils ont flâné dans les stands et n'ont pas pu résister à la dégustation. Du coup, Sylvie s'exclame :
- Mais au fait, qu'est-ce qu'on fait ici ?
Tout le monde éclate de rire car elle a oublié que si nous sommes tous réunis, c'est pour applaudir Sylvie Vartan. Comme la veille, l'ambiance est survoltée et le concert est fabuleux ! Sylvie chante "Solitude" à notre demande et après plusieurs rappels.

Après un copieux petit-déjeuner au centre de Colmar, un peu de tourisme, nous reprenons la route. Notre amie Sylvie et son compagnon ont passé une courte nuit... et elle décide d'aller faire une petite sieste pour être en forme le soir.
Elle va donc se coucher dès notre arrivée à Vittel. Christian et moi rejoignons Daniel et Dominique devant l'entrée du Palais des Congrès car encore une fois, les places ne sont pas numérotées et il faut encore et toujours attendre pour être bien placés. Après un moment, Christian et moi décidons d'aller acheter des sandwichs quelque part dans le centre. Mais à 4 heures de l'après-midi, dans la petite bourgade de Vittel, je défie quiconque de trouver la moindre sandwicherie d'ouverte. Nous pénétrons donc dans le seul bar ouvert de la rue principale et la tenancière nous pro-

« Darina je sais comment dire “je t’aime”, mais jamais je ne l’ai dit autant... »
C’est toujours avec beaucoup d’émotion que Sylvie interprète cette chanson et qui souvent s’accompagne de perles transparentes aux bords de ses yeux.

Olympia 1999

12 avril 1965, Loconville (Oise), mariage intime (!) mais 3 000 fans autour de l'église et 180 journalistes sont restés à la porte.

Juin 1967. Neuilly, place Winston Churchill. C'est devant l'appartement de Sylvie et Johnny que nous nous donnions rendez-vous, afin d'échanger nos infos sur l'actualité respective de nos idoles.

Olympia 1972. Medley rock, combinaison en lamé doré d'Yves Saint-Laurent.

Palais des Congrès, 1975. Chorégraphe Walter Painter.
Deux de ses danseurs, Gary Chapman et Winston Dewitt Hemsley l'accompagnent sur la chanson "Opérator".

Cliché mémorable et douloureux à la fois : Michel se fond parmi les journalistes venus interviewer Sylvie avant son concert à Montpellier le 22 janvier 1982.

Costume coloré pour la chanson "Tape Tape".

Paris 22 juin 1967 : en manteau-tunique, Sylvie pose dans un modèle des "Créations Sylvie Vartan" devant son enseigne parisienne.

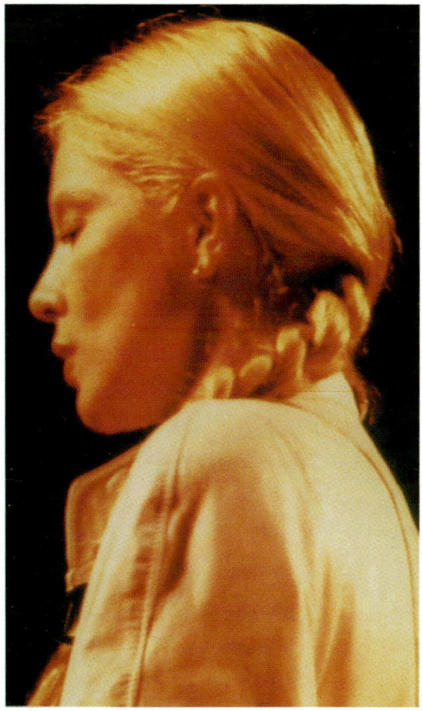

Janvier 1982 à Montpellier.

1975 : émission de télévision "Système 2" avec Guy Lux, où l'on peut apercevoir Maritie et Gilbert Carpentier (à gauche sur la photo).

Sylvie a tenu sa promesse de venir déjeuner la veille de ses 40 ans, dans le restaurant de Serge situé à Montpellier. Repas léger avant le concert et séance de dédicace privée pour son hôte.

Jean : “Je l’attends en face de la sortie des artistes, rue Caumartin, le temps de donner mon appareil photo à une autre fan, le temps de lui prendre le bras et clic-clac ! la photo est faite. Sylvie m’a laissé lui prendre le bras, sans me regarder, sans dire un mot !

Palais des Congrès 1977, Sylvie apparaît radieuse dans cette robe de strass créée par Bob Mackie.

Palais des Congrès 1977.
Chorégraphie de Claude Thompson et tenues de scènes créées par le styliste américain Bob Mackie, dont la légendaire robe "Léopard".
(Photo de gauche)

Palais des Congrès 1983 : Pascale fête ses 20 ans (à gauche sur la photo) et réalise son rêve de petite fille : "Danser avec Sylvie Vartan". C'est chose faite, son étoile a brillé de mille feux à travers le monde en accompagnant Sylvie dans sa tournée mondiale.

Palais des Sports 1991 : "Je vous salue Paris", mise en scène et chorégraphie de Jerry Evans. Les tenues de scène sont signées de Paco Rabanne, Christian Dior, Mine Vergès.

Casino de Paris 1995. Mise en scène de Walter Painter. Chansons, comédie et danses font de ce spectacle une rencontre intime et émouvante entre Sylvie et son public.

Tournée "Tour de Siècle" 1999. De ville en ville toujours la même magie, elle chante, elle charme, elle danse, de "Donne moi ton Amour" à "Darina" de "Mistinguett" à "Mon père" le public est ravi, sous le charme et les rappels sont nombreux.

Los Angeles, Sylvie feuillette le livre offert par Edouard.

Francofolies de Montréal août 1997. Richard et Ludovic la trouvent charmante, tellement différente de l'image qu'elle donne d'elle à la télévision et encore, ils ne savent pas ce que c'est de la voir sur scène...

Christian et Sylvie lors de l'assemblée générale de l'ASVB en 2001.

Heureux gagnants du concours organisé par Radio Nostalgie, Edouard et Bernard à Los Angeles en mai 1999. Sylvie tient dans ses mains la peluche offerte par Edouard : un Sharpei.

Sylvie et Stéphane Bosc, producteur, devenu directeur adjoint de l'antenne de Radio Nostalgie, c'est lui qui dirigea l'interview entre Sylvie et nous.

Ramatuelle : 5 août 1997.
Spectacle et souvenir émouvants quand Annie Girardot rend hommage à Sylvie en lui offrant du bord de la scène un bouquet de tulipes blanches.

Olympia 1999. Lily : "J'aurais bien, aimé voir ce spectacle une 2e fois mais Sylvie joue à guichets fermés malgré les prolongations et je n'ai pas obtenu d'autres places que ce samedi 13 novembre."

Olympia 1999. Chorégraphie originale de Walter Painter pour son "Tour de Siècle" exceptionnel, avec Yann Jonas et Blane Savage, ses deux danseurs.

Paris Virgin des Champs Elysées le 16 avril 2004, Sylvie dédicace durant plus de trois heures des centaines d'exemplaires de son autobiographie "Entre l'ombre et la lumière" avec grâce et sourire, et qui à ce jour compte plus de 180 000 exemplaires vendus.

pose simplement quelques gâteaux secs d'apéritif que nous grignotons sur le zinc en sirotant une... Évian (à Vittel, c'est assez "spécial"). Nous rejoignons Daniel, toujours planté devant l'entrée de la salle et patientons avec lui jusqu'au moment de l'ouverture des portes. D'autres personnes sont arrivées dans l'intervalle, mais il n'y a pas foule. Enfin, vers 19 heures, les portes s'ouvrent et nous pénétrons dans le petit théâtre.

Notre amie Sylvie arrive après sa sieste et nous sommes tous au premier rang.

Quel bonheur! Il y a également nos amis belges Frieda et Carlos qui se sont déplacés pour cette dernière représentation de la tournée. Le spectacle commence et nous avons l'impression que Sylvie ne chante que pour nous car derrière, ce sont des curistes d'un certain âge qui composent la majeure partie de l'assistance et ils ne sont pas très démonstratifs. Nous applaudissons à tout rompre et mettons une ambiance d'enfer... La salle se réveille enfin et les curistes aussi. Dans son spectacle, Sylvie présente les critiques de ses précédentes prestations scéniques dans un monologue et elle indique que sa mère n'était pas d'accord pour qu'elle devienne chanteuse. Daniel se tourne vers moi et me dit:
- On va lui expliquer, à sa mère.

Sylvie entend cette remarque depuis la scène, et perd complètement le fil de son monologue... Du coup, lorsque son danseur Bruno lui envoie, comme tous les soirs à ce moment précis, le cerceau rose avec lequel elle doit effectuer un numéro de hullahoop, elle le fusille du regard car elle ne sait plus du tout où elle en est, ce qui nous amuse beaucoup. Le spectacle s'achève par un "happy birthday to you Sylvie" et elle réplique que ce n'est pas encore le moment, que ce n'est que demain. Sylvie quitte la scène et je tire Daniel par la manche pour sortir de la salle. Nous nous éclipsons par l'entrée des artistes et retrouvons Sylvie qui s'en va en voiture. Elle nous dit au revoir et s'envole pour Paris, de l'aérodrome d'Épinal.

Deux jours plus tard, dans la Liberté de l'Est (quotidien régional), tout le premier rang présent au concert de Vittel se retrouvait en photo. Merci beau photographe, joli souvenir. Quel bel été avons-nous passé !

Mai 1999

Un peu avant l'été, justement, dans ces Cévennes Gardoises, **ÉDOUARD** se met à rêver de Californie.

Mai 1999. Radio Nostalgie dont je suis un auditeur assidu, annonce un concours pour la promotion de la sortie du disque "Irrésistiblement Sylvie" qui est en fait la version CD d'un show télé qui a été diffusé quelques semaines auparavant.

Grand amateur de jeu, je me dis :
- Je vais le faire !

Début mai, donc, pendant une semaine, tous les matins, une question concernant le répertoire de Sylvie est proposé à l'antenne, question du genre
- Dans les années soixante, Sylvie a dédié une chanson à son fils... quel en est le titre ?
Ou encore :
- Avec quel chanteur Sylvie a-t-elle chanté en duo la chanson "l'Atlantique" ?

FACILE. Je note jour après jour toutes les réponses pour pouvoir les donner le vendredi et ainsi valider ma participation. Deux gagnants tirés au sort se verront offrir un voyage de quatre jours à Los Angeles pour aller interviewer Sylvie Vartan. Et pourquoi ce ne serait pas moi ?

Le vendredi matin, dernière question, il faut maintenant appeler le standard de Nostalgie et donner toutes les réponses de la semaine. Miracle, j'arrive à avoir le standard, je donne mes réponses à Marie-Blanche qui me dit :
- Vous avez trouvé toutes les bonnes réponses, le tirage au sort va maintenant avoir lieu, si vous êtes sélectionné je vous rappelle.

Moins de cinq minutes plus tard, le téléphone sonne et Marie-Blanche me dit :
- Édouard, vous partez à Los Angeles, bravo ! Préparez votre passeport.

Je suis hystérique. Je hurle dans ma cuisine, puis... tout s'écroule : je n'ai pas de passeport !

Bon ! je ne vais pas laisser passer une telle chance, il faut que j'obtienne ce passeport dans moins de quatre jours, le départ est dans une semaine et il y a un week-end et un jour férié au milieu, c'est pas gagné !
Ce matin-là, je sèche le boulot, je cours à la sous-préfecture dont je dépends, j'habite à ce moment-là Canaules-et-Argentières, un petit village au pied des Cévennes. En cours de route, j'achète timbre fiscal. Je pose dans le premier photomaton du coin pour mes photos d'identité, j'arrive et j'explique qu'il me faut à tout prix mon passeport au plus vite car je pars le vendredi suivant pour Los Angeles rencontrer Sylvie Vartan.

Regard incrédule de l'employée du service des passeports qui doit penser qu'elle a devant elle un fou furieux.

Les jours qui suivent, je les passe à deux mètres au-dessus du sol à préparer mes affaires, régler cette histoire de passeport, répondre au téléphone aux amis qui m'ont entendu à la radio, raconter et raconter encore la même histoire incroyable : je pars aux États-Unis, pays qui m'attire depuis toujours pour y rencontrer la personne que je rêve de rencontrer depuis que j'ai commencé à découper ses photos dans "Salut les copains".

Le mardi suivant, je suis convoqué à la sous-préfecture pour y retirer mon précieux passeport. OUF, je l'ai, il me faut maintenant réserver un billet d'avion pour me rendre à Paris car le départ pour Los Angeles a lieu le vendredi 14 mai à 12 h 30 à Roissy CDG.

Pas de problème, j'achète un billet Montpellier-Paris et le vendredi matin 6 h 30, mon amie Christiane m'accompagne à l'aéroport de Montpellier, j'embarque pour Paris.

Dans la semaine, j'ai téléphoné à Serge, mon ami qui a autrefois invité Sylvie dans son restaurant de Montpellier, il vit désormais aux États-Unis où il est restaurateur en Alabama, il aimerait bien pouvoir me rejoindre à L.A., mais ne pourra pas à cause de son travail, dommage !
Une heure plus tard, je suis à Roissy CDG, surexcité comme il se doit et impatient de retrouver les personnes avec qui j'ai rendez-vous pour cette aventure.

Voici Anthony Lammond, producteur du disque, Stéphane Bosc, de Radio Nostalgie et Bernard, l'autre gagnant du concours. Les présentations sont faites, nous embarquons sur un vol direct d'Air France Paris/Los Angeles, 11 heures de vol.

Une fois dans l'avion, l'ambiance de détend et devient très vite amicale. On se présente un peu, on discute. Stéphane et Anthony nous "briefent" au sujet des questions que nous allons être amenés à poser à Sylvie, car nous allons jouer aux interviewers amateurs. On nous demande d'éviter les questions "people", l'émission, compte rendu de cette aventure, est prévue pour être diffusée pendant tout un week-end sur Nostalgie.

Après ce rapide "brief", je me surprends à fermer les yeux

et partir dans de lointains souvenirs, des années en arrière...

J'ai 9 ans, deux autres petites sœurs sont venues agrandir la famille, mes préoccupations musicales sont les chanteurs du moment, sans préférence particulière pour tel ou tel artiste, mes lectures sont en rapport. “Salut Les copains” et “Mademoiselle âge tendre” sont deux revues que mes sœurs Joëlle et Jocelyne, âgées de 13 et 15 ans, achètent ou échangent avec leurs copains. Je les lis aussi, bien sûr et la mode de l'époque veut que chacun se fasse un “cahier de chansons”, ceci consiste à découper ou recopier dans les revues précitées les paroles des chansons du moment, les coller dans un cahier avec une photo de l'interprète et d'en avoir le plus possible afin d'épater les autres dans la cour de récré. Mes sœurs ont chacune leur cahier de chansons et moi aussi. Je n'ai que 9 ans mais je veux faire “comme les grands”.

C'est vers l'âge de 10 ans que mes préférences en matière de chanson ont commencé à s'orienter. Je n'ai aucune connaissance des chansons étrangères, mais mes goûts, en ce qui concerne la variété française commencent à s'affirmer...
Claude François, Michel Polnareff et Sylvie Vartan arrivent en tête de MON hit-parade personnel.

Assez rapidement, Sylvie Vartan prend plusieurs longueurs d'avance, distance Françoise Hardy, Sheila et France Gall, s'installe sur la première marche dont elle ne descendra plus. Nous n'avons alors pas de tourne-disques à la maison, mais les radios passent à longueur de journée les chansons que j'aime et dont je connais toutes les paroles au bout de deux ou trois auditions.

Mon grand déclic se produit quand Sylvie et Johnny chantent “J'ai un problème” et “Te tuer d'amour”. J'ai un coup de foudre immédiat pour ces deux chansons que j'écoute et réécoute à longueur de journée (j'ai enfin un électrophone). Je suis adolescent et pour moi, ils sont l'image du couple parfait. J'apprendrai plus tard que ces chansons ont été enregistrées alors que leur couple battait de l'aile.

Je commence désormais à m'intéresser à d'autres musiques que la variété française, pardon Sylvie, mais vous êtes toujours en haut du podium ! j'aime la pop anglaise et internationale, Elton John, Abba, Sonny and Cher, Mammas and Papas et c'est alors que Sylvie revient au premier plan avec ses shows mythiques au Palais des Congrès. Je n'ai pas la possibilité de les voir alors, mais je me fais la promesse qu'un jour, j'irai voir Sylvie Vartan sur une scène à Paris.

J'ai 17 ans et en plein dans les années disco. Je n'aime pas tellement cette musique mais j'aime bien l'incursion que fait Sylvie dans ce style de musique avec "I don't want the night to end". On n'est pas sérieux quand on a 17 ans... eh bien si ! Moi je le suis, je suis en première, je suis bon en anglais et en espagnol et mes goûts musicaux sont devenus assez éclectiques au contact de mes copains de lycée. J'aime désormais la chanson dite "à texte" sans pour autant renier la variété française, la mode n'est pas encore à la variété francophone importée du Québec, même si certains chanteurs québécois me plaisent déjà, Diane Dufresne, par exemple.

Huit ans plus tard, je tiens la promesse que je me suis faite quelques années auparavant. J'ai 20 ans et je travaille depuis quelques mois à Paris.

Émerveillement pour moi que cette possibilité de pouvoir enfin aller aux spectacles et dans la foulée, j'enchaîne en cette fin d'année 1981, trois concerts : Barbara à Pantin, France Gall et Sylvie Vartan au Palais des Sports.
Le jour de la première, je suis venu en passant, je suis entré simplement par hasard ? Sûrement pas ! Je suis venu exprès !

Désormais, c'est sûr, Sylvie est définitivement ma chanteuse préférée. Je suis scotché à mon siège.

Come back 1984

Les années qui suivent sont bizarrement pour moi des années ou je me désintéresse un peu de la chanson française. Bien sûr, je suis toujours fan de Sylvie, mais je n'éprouve pas le besoin d'aller la voir en concert, elle sort peu de disques à cette époque-là, et je crois que je préfère rester sur l'éblouissement que j'ai eu pour ce Palais des Sports 81.

Trois ans plus tard, en 1984, Sylvie est en tournée et donne en août un concert aux Arènes de Palavas. Serge, un ami de Montpellier, fan de la première heure, lui, l'invite à venir fêter ses 40 ans dans le restaurant qu'il tient alors. Cet événement est relaté dans la presse locale et éveille en moi une envie très forte de la rencontrer moi aussi...

En ces années 1980, les concepts télévisuels changent, exit les bonnes émissions de variété, les Carpentier jettent l'éponge, adieu donc à ces shows ciselés comme des diamants et la place est prise peu à peu par des émissions de jeu. Sylvie se fait discrète, elle vit aux États-Unis, s'est remariée, les disques qu'elles sort alors prennent un ton nouveau, ses concerts aussi. Je vis dans le midi désormais, et ce n'est qu'en 1996 que je la reverrai sur scène, au Zénith de Montpellier, quinze ans après le magnifique concert du Palais des Sports.

Je suis subjugué à nouveau! je la trouve encore mieux qu'avant, j'aime son nouveau look, sa classe, son jeu de scène, son humour lorsqu'avec un sens de l'autodérision inattendu elle commente les articles de presse qui l'ont "assassinée" à ses débuts.

- Édouard, Édouard, on arrive !
Ce vol m'a paru interminable et en plus le décalage horaire s'ajoute à ma fatigue, mais cela m'a permis aussi de vivre ce "come back". Enfin, nous atterrissons à Los Angeles et sommes accueillis très gentiment par un "shuttle" dont le chauffeur est francophone, il nous conduit à notre hôtel (Sheraton Four Points) et malgré mon envie de voir le maximum de choses, je n'aspire qu'à une seule chose : dormir. Il me faudra cependant attendre de longues heures encore car nos chambres ne sont pas prêtes. Nous partons tous faire un petit tour en ville. Los Angeles est une ville gigantesque où les avenues font 100 km de long. Nous dînons dans un restaurant dont je suis incapable de me rappeler le nom puisque... je m'endors à table. Je n'ai pas dormi depuis vingt-sept heures.

Enfin, de retour à l'hôtel, je tombe comme une masse les bras en croix sur le lit. Est-ce normal qu'il soit aussi gigantesque ? Ah, oui, nous sommes aux États-Unis...

Quelques heures de sommeil plus tard, quatre tout au plus, bercé par les vagues du Pacifique que je vois depuis le balcon de ma chambre, je refais surface, en pleine forme, il faut que je le sois car c'est aujourd'hui "le grand jour", nous allons rencontrer Sylvie.

Notre chauffeur de la veille vient nous chercher, Bernard et moi pour un tour de ville et nous montrer les principaux endroits de L.A. ; Sunset Boulevard, Hollywood Boulevard et le Chinese Theater, Beverly Hills, où il nous montre les somptueuses villas de quelques célébrités comme Kirk Douglas.

Nous avons rendez-vous à 13 heures avec nos accompagnateurs pour aller retrouver Sylvie dans un restaurant sur Santa Monica Boulevard où elle a ses habitudes.

À l'heure convenue, nous voyons arriver au volant d'un van,

une jeune femme blonde, souriante, cheveux courts, lunettes bleues, ensemble gris. En toute simplicité, elle tend sa clé à l'employé du restaurant chargé de garer les véhicules et vient vers nous. Sylvie ! pas possible, c'est elle, elle est encore mieux que lors de ses concerts, encore mieux qu'a la télé. Elle est naturelle, rayonnante, une fois de plus elle m'éblouit.

Présentations : - Sylvie, voici Bernard et Édouard, deux fans qui ont gagné le concours (et qui n'en reviennent toujours pas de se retrouver là).

Ça la fait sourire, nous nous dirigeons vers la table qui nous est réservée et s'engage alors une conversation à bâton rompu. Bernard et moi avoisinons tous les deux la quarantaine, mais voyant que nous sommes intimidés comme des adolescents, Sylvie s'intéresse à nous, d'où nous sommes, ce que nous faisons dans la vie, notre timidité s'estompe, l'ambiance se détend.

Sylvie qui lit et parle l'américain couramment nous traduit le menu et se charge de commander pour nous lorsque le maître d'hôtel vient nous demander si nous avons choisi. Elle est très à l'aise dans ce restaurant que visiblement elle a l'habitude de fréquenter. Et d'autant plus qu'ici, elle est une parfaite inconnue. Elle nous dit d'ailleurs qu'elle apprécie cet anonymat. Ici, personne ne la sollicite pour des photos ou des autographes.

Elle choisit un pavé de saumon au beurre blanc, Bernard et moi également, tiens, tiens ! Nous goûtons un peu de vin californien, Sylvie prend une eau gazeuse mais nous confiera au cours du repas que le vin qu'elle préfère est un vin du Médoc, le château "Ducru-Beaucaillou".

Au cours du déjeuner dont la qualité n'a rien à envier à un restaurant français, Stéphane et Anthony nous expliquent de quelle façon va se passer l'interview. Bernard et moi poserons chacun une question et après les réponses de Sylvie, une chanson sera diffusée. Ceci se renouvellera une douzaine de fois pour que l'interview puisse être diffusée pendant tout le week-end de Pentecôte qui suit notre retour en France. A la fin du déjeuner, je ne sais plus par quel hasard, je me retrouve seul à table avec Sylvie. Je sais qu'elle aime bien les chiens, j'engage donc la conversation sur ce sujet, je lui parle de mes Shar-peïs et d'ailleurs je lui en offre un... en peluche que j'ai apporté de France tout spécialement pour elle, à défaut d'avoir pu lui en apporter un vrai.

Elle se prête alors très gentiment au jeu quand nous lui demandons si nous pouvons la photographier. Je tiens à immortaliser cet instant, elle accepte également de me dédicacer les pochettes de CD ainsi que les livres “Si je chante” et “Sylvie Vartan” de Camilio Daccache et Isabelle Salmon. Ils font désormais partie de mes trésors.

Il était initialement prévu que l'interview ait lieu chez elle, dans sa maison de Beverly Hills. Malheureusement, celle-ci a été endommagée. Une fois le déjeuner terminé, Stéphane et Anthony demandent au responsable de l'établissement l'autorisation d'installer leur matériel afin de pouvoir commencer l'interview.
Refus de celui-ci : il n'a pas été prévenu que des journalistes allaient venir, et nous fait comprendre que ça va pas être possible.
Bon, nous allons donc à notre hôtel, nous ne sommes pas nombreux : le matériel est peu encombrant, nous nous installons dans un coin de l'immense hall de l'hôtel Sheraton “Four Points” ou nous logeons. Trop bruyant ! Stéphane négocie la possibilité de nous installer dans une des salles à manger, désertées à cette heure de l'après-midi. Nous commençons donc notre “travail” lorsque nous sommes à nouveau dérangés par le bruit que fait un des employés du restaurant qui essuie des couverts.
C'est Sylvie qui le fait remarquer car elle l'entend à travers

son casque, ceci la fait rire quand même et Anthony va demander poliment à la personne d'arrêter de faire ce bruit.

Nos questions sont simples, nous ne tendons pas de pièges et respectons ce qui a été demandé : "Pas de questions people". Les réponses de Sylvie sont beaucoup plus étoffées que nos questions, forcément, elle a fait des centaines d'interviews dans sa carrière.

C'est alors que se produit un nouvel incident : la batterie du magnéto de Stéphane commence à montrer de sérieux signes de faiblesse. Il faut trouver une prise pour la brancher sur secteur. Pas de prises dans toute la pièce, ou alors tellement bien cachées que nous ne les trouvons pas. Comment est-ce possible? Que faire? Il n'y a plus personne ou presque dans l'hôtel, mis à part les gens de la réception. C'est alors que quelqu'un a une idée de génie, on va aller s'installer... dans une de nos chambres, et c'est dans celle de Bernard que nous déménageons une fois de plus pour finir cette interview. Cette situation cocasse nous fait tous rire et Bernard peut désormais se vanter d'avoir un jour fait monter Sylvie Vartan dans sa chambre d'hôtel, le veinard.

Le magnéto est branché maintenant, plus rien ne va pouvoir nous perturber.

J'essaie de donner un ton original à mes questions, sachant qu'elle a chanté "La vie d'artiste" de Léo Ferré, je formule une de mes questions ainsi :
- Sylvie, si j'emporte le phono, vous conservez le piano et continuez votre vie d'artiste?, est-ce à dire que vous privilégieriez votre vie d'artiste à votre vie de femme?

Elle me répond qu'elle a besoin des deux, mais que s'il lui fallait choisir, elle choisirait forcément sa vie de femme.

- Y a-t-il des chansons dans votre répertoire dont vous ne

vous souvenez plus ou que vous préféreriez ne jamais avoir chanté ?

Elle réfléchit un peu, explose de rire et déclare :
- Oh oui, il y en a une que je déteste “Zum, zum, zum” et elle se met à la fredonner en italien, je ne connais que la version française de cette chanson chantée par Dalida. Depuis, j’ai découvert la version de Sylvie et je trouve son choix étrange... moi, je l’aime bien “zum, zum, zum” !.

L’après-midi touche à sa fin, encore quelques photos et autographes dans le hall de l’hôtel. Arrivé le moment ou il va falloir se séparer, notre rêve éveillé va prendre fin. J’ai complètement oublié durant cette journée ma fatigue due au décalage horaire. Mes heures de sommeil de la nuit précédente et l’excitation de cette journée ont suffi à me requinquer. Devant l’hôtel, Sylvie reprend possession de son van. Vient le moment de lui dire au revoir. Lui serrer la main ? l’embrasser ? Je l’embrasse :

- Au revoir Sylvie, merci pour cette journée inoubliable, merci pour ces souvenirs qui viennent de se graver dans ma mémoire à jamais.

La jolie jeune femme blonde repart au volant de son van et disparaît dans le trafic de cette fin de samedi après-midi. Nous décidons, Bernard, Stéphane et moi, d’aller nous détendre et boire un verre dans un quartier de la ville que Stéphane connaît. Nous faisons aussi quelques achats avant d’aller dîner dans un restaurant où, cette fois-ci, je ne m’endors pas à table. Ce soir-là, de retour dans ma chambre, je repasse dans ma tête tout le film de cette journée pour n’oublier aucun détail, j’écris quelques cartes postales, et à Richard et Serge, mes amis d’Alabama, j’envoie une carte “clin d’œil” qui dit :
- De la Californie où j’suis venu voir Sylvie, je t’envoie des baisers mouillés à l’eau salée, je t’envoie des couchers de soleil orangés, une photo de moi où j’ai un peu changé...

Le lendemain, Bernard et moi sommes invités à passer la journée à Disneyland. Radio Nostalgie a bien fait les choses mais notre esprit est ailleurs, nous ne faisons que nous remémorer la journée de la veille, on aime bien Mickey, mais nous préférons Sylvie. Le dernier jour sera consacré à la visite d'Universal Studio ou nous passons une excellente journée. Je suis un grand amateur de cinéma et ça me plaît de revivre ici des scènes de films que je connais. À 21 heures, nous reprenons le vol retour Los Angeles/Paris, des cadeaux pour mes amis dans mes bagages, des souvenirs plein la tête. À nouveau onze heures de vol, cette fois-ci, j'arrive à dormir.

Arrivés à Roissy CDG. Il est temps de se dire au revoir, Bernard et moi échangeons nos adresses, nous avons gardé le contact depuis. Stéphane nous dit qu'il nous enverra les enregistrements intégraux de toute notre prestation radiophonique, y compris les ratages, les extraits qui ne seront pas diffusés à l'antenne et en effet, quelques jours plus tard, je reçois trois CD, un pour chaque jour de diffusion et un "bêtisier" de nos bafouillages, éclats de rire de Sylvie... que j'ajoute à mes trésors.

Je reprends un autre avion pour Montpellier ou m'attendent mes amis Christiane et Gérard, aussi excités que moi et qui me pressent de questions. Je leur ai téléphoné de L.A. pendant le séjour mais j'ai encore tant de choses à leur raconter ! J'ai encore une semaine de congés, je vais pouvoir me remettre de ces émotions, faire développer mes photos en plusieurs exemplaires. Tous mes amis en veulent, j'en envoie aussi à Serge en Alabama qui me dira plus tard les avoir décortiquées à la loupe. De retour dans mon village gardois où je suis alors receveur de la Poste, je suis accueilli en vedette et une fois de plus je dois raconter et raconter encore. Ca ne me dérange pas, au contraire, je suis très fier de cette aventure et si demain, une radio organise un nouveau concours pour rencontrer Sylvie au bout du monde, je le referai et je le gagnerai, ce sera un plaisir.

1999

"Plaisir", la bien nommée, c'est dans cette ville de la banlieue parisienne que débute le 20 octobre pour **VÉRONIQUE** la tournée 1999.

C'est toujours très excitant de découvrir un nouveau spectacle et je me souviens que Christian (le Marseillais), Daniel et moi étions très heureux d'assister à cette avant-première à Plaisir. Après les répétitions de l'après-midi, nous attendons patiemment l'heure du concert et découvrons les costumes et le spectacle. Tout n'est pas encore au point, l'ordre des chansons doit être modifié par la suite et les costumes ne sont pas encore les modèles définitifs de Jean-Paul Gaultier. Mais nous sommes ravis de retrouver Sylvie sur scène. Nous allons de surprise en surprise à la découverte de ce tout nouveau show.

À Evry, pour cette seconde avant-première, les Arènes de l'Agora nous permettent d'attendre au chaud dans le centre commercial, avant le début du spectacle. L'ordre des chansons de la veille a changé, l'introduction musicale du début aussi, certains costumes sont prêts et Sylvie a déjà davantage d'assurance.

Vient ensuite la période parisienne avec l'Olympia et le succès que tout le monde connaît. Sylvie a chanté à guichets fermés durant trois semaines, plus une semaine de prolongation. Chaque soir l'ambiance de la salle est différente, mais chaque soir Sylvie remporte le même succès.

Après cette période parisienne, nous revoilà partis sur les routes de France. Nous avons décidé de suivre la tournée de Sylvie et d'être présents autant que possible aux différents concerts.

Carcassonne est une ville sinistrée en ce mois de

novembre 1999, les inondations terribles laissent des milliers de gens sans logis, privés d'électricité et sans eau potable, mais beaucoup d'entre eux trouveront le courage de venir applaudir Sylvie, l'ambiance est très émouvante.

Le lendemain, Sylvie chante à Toulouse.

Notre ami Bernard possède un magnifique loft situé au cœur de Toulouse et il a la gentillesse de le mettre à notre disposition pendant trois jours. Nous habitons donc provisoirement au cœur de la ville rose, à deux pas de l'hôtel de l'Opéra. Alain nous retrouve en fin de journée et nous partons pour le Zénith.

Évidemment, nous ne manquons pas de nous perdre car tout le centre ville est fermé à la circulation pour cause de visite officielle du roi de Jordanie. Ne connaissant pas bien la ville, de nuit, sous la pluie et fatigués par la longue route de la journée, nous avons toutes les peines du monde à rejoindre le Zénith, le réservoir d'essence de la voiture est presque vide. Enfin, nous y voilà. La soirée est mémorable et le public est au mieux de sa forme. Un fan a même distribué une centaine de roses aux personnes des premiers rangs, pour les remettre à Sylvie, sur scène, à la fin du concert.

Après le spectacle, nous reprenons la voiture pour aller manger dans le centre de Toulouse. Nous avons à nouveau beaucoup de mal à circuler malgré la présence policière renforcée.

Bernard nous a conseillé de réserver avant le spectacle dans le restaurant de l'hôtel de l'Opéra, ce que nous avons fait, bien évidemment. Il nous a indiqué qu'il serait là également, avec quelques amis.

Nous arrivons donc tous les trois enfin au restaurant et ô surprise, Sylvie Vartan y mange aussi en compagnie de son secrétaire et de son producteur. Bernard est déjà attablé avec ses amis dans la salle à manger car ils ne se sont pas perdus eux, ils connaissent Toulouse bien mieux que nous.

Malheureusement, il est minuit passé de cinq minutes et le maître d'hôtel refuse catégoriquement de nous servir, malgré notre réservation. Sylvie l'entend et insiste :
- Mais vous nous servez bien, nous, alors pourquoi pas eux ?
- Non, répond le responsable de la salle. L'heure c'est l'heure.
Nous sommes contraints de repartir à la recherche d'un autre restaurant.

Mais en province, à plus de minuit en semaine, il est très difficile de trouver un endroit pour manger sans avoir réservé (et même en réservant, d'ailleurs). Nous tombons finalement sur un vendeur de sandwiches grecs et devons nous en contenter avant d'aller nous coucher.

Réveillés par les bruits de la ville, dans notre magnifique loft toulousain, nous reprenons la route en direction de Bordeaux. Simon nous accompagne.

Sylvie chante à Mérignac. Nous arrivons vers seize heures au Pin Galant, Sylvie et son secrétaire Didier arrivent à peine cinq minutes plus tard pour la répétition. Elle nous salue et s'engouffre dans la salle, car il ne fait pas très chaud. En effet, un crachin glacial s'abat sur la région. Nous assistons aux répétitions dans un petit coin de la salle, en prenant bien garde à ce que personne ne nous voie car Sylvie n'aime pas répéter en public. Après un léger repas dans une brasserie des environs, (car nous ne souhaitons pas revivre l'épisode du sandwich grec de la veille), nous prenons donc nos dispositions pour manger avant le concert et nous partons assister au spectacle.

Puis c'est le retour pour Toulouse, dans la nuit. Nous bavar-

dons tous les trois quand soudain, Daniel s'exclame :
- Eh, eh, je crois bien que nous venons de dépasser la voiture de Sylvie !

Je lui réponds que ce n'est pas possible, que son chauffeur roule plus vite que ça. Mais Daniel veut absolument en avoir le cœur net et il ralentit, sort de l'autoroute, attend quelques instants et rentre à nouveau.

Nous roulons pendant quelques minutes sans dépasser personne - il est 2 heures du matin - puis soudain, les deux lumières rouges d'une voiture apparaissent devant nous. Plus nous nous rapprochons, plus la voiture ressemble à une Mercedes... Eh oui, Daniel avait raison, c'est bien Sylvie et Didier qui retournent eux aussi à Toulouse. Daniel dépasse la voiture et klaxonne. Didier lui renvoie son salut par un appel de phares.

- Ah, vous voyez bien que j'avais raison, nous lance Dan, triomphant.

Nous arrivons à Toulouse, garons la voiture dans le parking souterrain et au moment de traverser la rue pour rentrer "chez nous" au loft, nous entendons la voix rauque de Sylvie, juste devant l'hôtel de l'Opéra. Et voilà, elle loge à deux pas de "notre" loft et nous ne le savions pas. Mais inutile de l'importuner, elle doit être fatiguée, tout comme nous.

Le lendemain, vers midi, nous quittons Toulouse pour Albi. Par contre, la salle dans laquelle chantera Sylvie ce soir n'est pas franchement belle. C'est un genre de petit Zénith de béton, sans gradins et ô stupeur, nous sommes très mal placés.

Du coup, Daniel va s'installer devant le premier rang, assis à même le sol froid de béton. Je reste aux places qui nous ont été attribuées, mais on y voit très mal.

Sylvie semble toujours en forme et le public est aux anges.

Après le spectacle, petit tour de cette jolie petite cité, et nous repartons, pour notre dernière nuit dans notre loft toulousain.

Réveillés de bonne heure, nous quittons Bernard et cet endroit qui a été pour un temps “notre chez nous”, pour prendre la direction de Lyon.

Sylvie se produit ce soir à l’Auditorium Maurice Ravel. C’est d’ailleurs dans cette salle, il y a quelques années déjà, que Daniel et moi avons fait connaissance. Souvenirs, souvenirs. La route est longue et nous sommes fatigués en arrivant.

À Lyon, nous retrouvons Joëlle et quelques autres fans qui attendent déjà devant l’entrée des artistes. Mais Daniel a pris froid la veille à Albi et il est fiévreux. Il faut dire que la température est glaciale. Nous laissons donc tout ce joyeux petit monde et allons nous réchauffer dans un café devant un chocolat chaud.

À notre retour devant l’entrée des artistes, Joëlle est très énervée. Elle nous explique que Sylvie vient juste d’arriver en taxi, seule. Le chauffeur l’a déposée devant la porte, a sorti les valises du coffre et est reparti. Comme il faisait très froid, Sylvie s’est engouffrée dans le théâtre pensant que le chauffeur du taxi lui apporterait ses bagages.

Au bout d’un moment, la poignée d’admirateurs qui attendait dehors a pris l’initiative de prendre les bagages et de les amener à l’intérieur, car Sylvie ne s’était pas aperçue que ses bagages ne l’avaient pas suivie...

Le soir, nous sommes tous réunis au premier rang, et même nos amis suisses avaient fait le déplacement. L’ambiance est un peu froide, mais Sylvie garde la forme.

Demain, Daniel retourne travailler, mais avant il doit me conduire à la gare de la Part Dieu à Lyon pour prendre le train qui me conduira à Strasbourg. Cinq heures plus tard, je retrouve Jean-Luc qui m'a gentiment invitée. Nous allons manger une tarte flambée - spécialité alsacienne - au cœur de la ville. Plus la tournée de Sylvie remonte vers le Nord de la France, plus il fait froid.

Ce soir, Sylvie semble fatiguée et elle n'a pas l'air très en forme, mais une fois sur scène, il n'en paraîtra plus rien. Son spectacle est mené tambour battant, comme d'habitude, et le public est ravi.

Après un bref retour chez moi, je rejoins Joëlle à Lyon et Daniel nous emmène en voiture à Loriol. Mais les embouteillages nous retardent et nous arrivons à la salle Jean-Clément vers 19 heures, persuadés que Sylvie y est déjà depuis longtemps. Nous faisons le tour de la salle et constatons que sa voiture n'est pas là. Bizarre. Serait-elle repartie après la répétition? Cela ne lui ressemble pas. Soudain, une Mercedes arrive et c'est Sylvie. Elle descend de voiture et nous dit:
- Bonsoir, vous allez bien? je suis en retard!
Daniel, plein d'à propos lui répond:
- Ça tombe bien, nous aussi nous sommes très en retard!
Tout le monde éclate de rire et Sylvie s'engouffre dans la salle par l'entrée des artistes.

À l'entracte, le secrétaire de Sylvie, Didier, vient nous voir pour savoir comment se rendre à Porcieu-Amblagnieu. Daniel est de la région et lui indique sur la carte la route à suivre.

Nous passons la nuit à Bourg en Bresse et, heureusement que Daniel et Joëlle connaissant bien la région, car la salle de spectacle est située dans un minuscule village, entre deux fermes et quatre maisons. Il est 17 heures et Sylvie n'est toujours pas là. Tout à coup, sa voiture arrive en trom-

be, Sylvie en sort en courant sans même prendre la peine de refermer la portière et s'engouffre dans la salle, sans un mot ou un regard à notre intention. Nous ne sommes pourtant que cinq. Didier gare la voiture et sort à son tour. Il vient vers nous et nous dit :
- Ouh là là, je me suis perdu, elle n'est pas contente !

Sylvie fait la balance et nous devons aller manger dans la ville d'à côté où se trouve l'unique restaurant des environs, une pizzeria. Nous revenons à la salle de bonne heure et on nous installe au premier rang, légèrement sur le côté. Tout à coup, un couple arrive avec une placeuse et cette dernière veut nous faire quitter nos places car nous ne devons pas être là. En fait, le nom de famille est le même et ils ont loué les mêmes places deux fois. Comme nous sommes arrivés les premiers, nous conservons nos sièges. Ouf! La salle est pleine et le spectacle peut commencer. À la fin de la représentation, nous récupérons des affiches, que nous offre gentiment l'organisateur du spectacle.

La tournée quitte le territoire français pour Genève. Sylvie arrive en fin de journée. Il fait toujours aussi froid et elle n'a pas l'air de bonne humeur pour son unique concert en Suisse. Son spectacle sera le moins réussi de cette tournée car on ne la sent pas en forme. Elle enchaîne les chansons telle un automate, on la sent lasse et elle n'a qu'une envie, quitter la scène et rentrez chez elle. Dommage ! Son chauffeur nous racontera plus tard que Sylvie voulait rentrer à Paris le soir même malgré le brouillard, mais qu'il avait refusé de la conduire.

Déçues par l'unique prestation de Sylvie Vartan en Suisse, mon amie Sylvie et moi n'avons pas profité pleinement de ce concert, d'autant plus que nous étions très mal placées dans la salle. Mais notre déception sera de courte durée et ne nous empêchera pas de continuer cette tournée.

Ouf! nous repartons vers le sud, à nous le soleil et les températures plus douces, fini le vent, le brouillard et la pluie. Avec Daniel, nous arrivons à Montpellier en fin de journée, pour un magnifique coucher de soleil.

Paul nous a gentiment proposé de nous loger et nous passons donc déposer nos affaires chez lui et partons tous ensemble. Le Zénith est désert à notre arrivée et nous partons manger dans un centre commercial voisin. À notre retour, des dizaines de personnes sont arrivées et attendent pour entrer. Sylvie semble en meilleure forme qu'à Genève et elle a retrouvé son énergie. Jean-Marc est là aussi.
Après une bonne nuit chez Paul, nous quittons Montpellier en direction de Marseille, puis de Nice. Notre hôtel est à Juan-les-Pins, mais impossible de le trouver. Daniel est fatigué de conduire et il serre les virages pour aller plus vite. Mal lui en prend car il touche une bordure avec son pneu et le choc est terrible. Heureusement, c'est sans gravité et nous trouvons enfin notre hôtel. Nous rejoignons Christian et notre amie Sylvie sur la Promenade des Anglais, ils sont arrivés en avion de Genève dans l'après-midi. Il fait doux et nous nous baladons jusqu'à l'heure du spectacle. Une mauvaise surprise nous attend à l'Acropolis : nous sommes au premier rang… de la deuxième catégorie !

Ce qui signifie qu'en réalité, nous sommes au 8e rang. Daniel est furieux car devant nous, ce sont des notables locaux qui n'ont pas grand intérêt pour Sylvie, mais simplement l'intérêt d'être vus dans les premiers rangs…

Après le spectacle, nous sortons tous les quatre et allons attendre Sylvie à la sortie des artistes. Son secrétaire rapproche la voiture, nous dit bonjour et repart à l'intérieur du théâtre. Cinq minutes après il revient et nous emmène Daniel et moi, dans les loges. Nous sommes tellement étonnés que nous le suivons sans rien dire. Il nous explique que Sylvie va nous recevoir dans sa loge. Elle est seule avec son producteur Gilbert Coullier, et Didier nous invite à entrer.

Sylvie est adorable et nous échangeons quelques mots. D'autres personnes (les fameux notables des premiers rangs) attendent dans le couloir afin d'être reçus par Sylvie mais ils n'auront pas notre chance. Gilbert Coullier s'éclipse et nous passons une vingtaine de minutes en compagnie de Sylvie puis elle s'en va avec Didier et Gilbert Coullier pour aller dîner, et nous rentrons nous coucher, car demain pour partons pour l'étape suivante : Vitrolles.

Nous quittons notre hôtel de Juan-les-Pins et Daniel se rend dans une station-service pour faire le plein d'essence. Machinalement, en attendant que le réservoir se remplisse, il regarde son peu et oh stupeur : il y a une boule de la grosseur d'un citron sur le caoutchouc du pneu. Il faut absolument trouver un garage qui nous changera la roue. Mais le week-end, ce n'est pas chose aisée. Après plusieurs heures de recherche dans la région, un garagiste accepte d'installer la roue de secours, mais il n'a pas de pneu de rechange.

Et nous voilà partis pour Marseille. Vitrolles est une ville périphérique et le Stadium du pays d'Aix où doit chanter Sylvie est un gros bloc de béton posé au milieu de nulle part, au flan d'une colline.

De loin, on dirait un bunker. Le décor est très froid, fait de béton et de barres de fer. Par contre, le public est surchauffé. Nous sommes au premier rang, en compagnie de Christian et son épouse, qui nous ont rejoints de Marseille. Dès la première chanson, les gens se lèvent, passent devant nous et crient en frappant dans leurs mains. On n'a jamais vu pareille excitation. Il faut toute la persuasion du service de sécurité pour inciter les gens à rejoindre leurs places.

Après le spectacle, Sylvie s'éclipse rapidement en voiture et nous bavardons quelques instants avec les choristes et les musiciens avant d'aller nous coucher.

De Marseille, nous repartons en direction de Bourg-en-Bresse. Je dois y récupérer ma voiture pour le concert de Saint-Étienne. En chemin, le téléphone portable de Daniel sonne : sa maman nous informe que l'autoroute est fermée à cause de fortes chutes de neige entre Vienne et Valence, elle nous conseille de prendre la nationale. Dominique appelle quelques minutes plus tard pour confirmer cette information. Radio enclenchée, il nous faudra rouler toute la journée pour arriver enfin à Bourg-en-Bresse en fin d'après-midi. Puis direction Saint-Étienne où nous retrouvons Olivier à la gare et partons pour le Palais des Spectacles. Après un léger repas dans le MacDo du coin, nous arrivons dans la salle où chantera Sylvie. Tous nos copains sont là, de Suisse, de France, etc. et nous sommes tous au premier rang... Quelle belle soirée ! Olivier et moi repartons avec ma voiture car il a gentiment proposé de me loger chez ses parents. Le lendemain, me voilà repartie pour rejoindre Daniel à Besançon.

Micropolis est une salle moderne mais peu adaptée au genre de spectacle de Sylvie. Les premiers rangs de sièges sont à des kilomètres de la scène et on ne voit Sylvie que de loin. La salle n'est d'ailleurs pas pleine et le spectacle ne nous laissera pas un souvenir inoubliable. La neige est tombée en masse et le lendemain du spectacle, il faut reprendre la route. Daniel travaille et je rentre chez moi. Mais la tournée n'est pas terminée.

Arrivée par le train de nuit au petit matin à la gare de Liège, je dois y retrouver vers 8 heures mon ami Pierre-Olivier, venu spécialement de Bretagne pour l'unique spectacle de Sylvie en Belgique. Après un solide petit-déjeuner, nous nous reposons quelques instants à l'hôtel. Puis, en route pour une visite de la ville et la recherche d'un distributeur de francs belges (vive l'euro, qui n'existait pas encore à ce moment-là...).

Le Forum est en plein centre de Liège et cela nous permet

de flâner dans la ville une bonne partie de l'après-midi. Les moules frites s'imposent pour notre repas belge du jour. Le Forum est un splendide théâtre à l'italienne et le spectacle de Sylvie nous laissera un magnifique souvenir. Elle est en pleine forme, son mari Tony l'a rejointe avec leur jet privé et il est dans la salle.
On la sent apaisée par rapport à ces derniers jours et les Belges sont ravis.
Nous aussi!
Après le spectacle, nous aurons même la chance de pouvoir nous procurer, au stand "merchandising", l'enregistrement "live" du spectacle de l'Olympia, qui n'est pas encore sorti dans le commerce à ce moment-là.

Demain, 9 décembre un long voyage nous attend. Nous reprenons ensemble le train pour Bruxelles, puis pour Paris. Ensuite Pierre-Olivier repart pour Nantes et je passe la nuit à Paris pour ensuite partir sur Bourges. Daniel et Christian doivent m'y retrouver car nous terminons cette tournée tous les trois. Le temps est froid et gris, mais il ne pleut pas.

Arrivés à Bourges, mes deux compères ne sont pas encore là. Je les attends dans un café voisin de la gare et ils m'appellent pour m'indiquer qu'ils ne vont plus tarder (vive les téléphones portables). Après la visite de la cathédrale de Bourges, perchée au sommet d'une colline, nous allons attendre l'ouverture des portes du Palais des Congrès car les places ne sont pas numérotées. Il fait toujours froid et à présent, il pleut!

Les tournées d'été sont quand même plus agréables et rien qu'à penser que demain nous remontons à nouveau vers le nord, à Caen plus exactement, j'ai encore plus froid!

Nous nous arrêtons à Cabourg et déjeunons à Étretat (d'excellentes moules fraîches). Comme je le prévoyais, pas un seul rayon de soleil, le temps est maussade, glacial et très humide. Nous sommes très fatigués! Enfin, voici Caen et

son Zénith. Une fois installés, au centre du premier rang, Didier, le secrétaire de Sylvie, vient nous voir quelques instants et me dit en riant :
- Laurent Boyer veut vous interviewer, tu es d'accord?
Comme il plaisante assez facilement, je pense que c'est pour rire et je lui réponds :
- Mais oui, bien sûr!

Quelques secondes plus tard, je me retrouve face à Laurent Boyer avec un micro d'Europe 1 devant la bouche. Didier a dit vrai et Christian et moi (probablement les deux seuls Suisses présents dans la salle ce soir-là) répondons à ses questions. Il suivait Sylvie pendant 24 heures et dans son reportage pour une émission de radio, il voulait montrer que certains de ses admirateurs suivaient toute la tournée, de ville en ville.

Et à ce stade de la tournée, il ne reste plus que deux villes : Lille et Amiens.

Pour rejoindre Lille nous longeons la côte en franchissant le fameux Pont de Normandie. Impressionnant quand même. Fin de journée, nous arrivons à Lille passablement épuisés. Le théâtre Sébastopol est entouré de quelques petites brasseries, et pour une fois nous n'avons pas de problème pour nous sustenter.
Une fois installés, nous apercevons pas très loin de nous Dominique Besnéhard, célèbre agent de cinéma admirateur de Sylvie et à côté de lui l'actrice Sophie Marceau.

Le public est très très chaud ce soir, et l'ambiance est survoltée.

Après plusieurs rappels, Sylvie quitte la scène et nous sortons de la salle. Une fois dehors, comme d'habitude, il faut trouver la sortie par laquelle Sylvie va quitter le théâtre. Manque de chance, il y a trois sorties et comme elle termine sa tournée en jet privé, ce ne sont jamais les mêmes voi-

tures qui l'emmènent à l'aéroport. Qu'à cela ne tienne, nous sommes trois et nous avons chacun un portable. À chacun sa sortie !
Après quelques instants de patience, j'aperçois Didier qui porte les bagages de Sylvie jusqu'à une voiture blanche immatriculée dans le Nord. Ni une ni deux, j'appelle Daniel qui est à la sortie opposée et je lui chuchote :
- Elle sort derrière, prend Christian en passant et rejoignez-moi.

Didier ressort accompagné de Sylvie, et Tony et s'exclame en nous voyant :
- Mais comment faites-vous pour savoir où nous sortons ? Voici deux minutes, il n'y avait personne ici !

Et Christian lui répond :
- Vive le progrès !
en brandissant son portable.

Éclat de rire général.

Amiens, dernière ville étape de la tournée.

Par chance les deux villes ne sont pas très éloignées l'une de l'autre. Nous sommes donc un peu plus reposés que la veille. Par contre, pour ce dernier rendez-vous de la tournée, les places ne sont pas numérotées. Donc, une nouvelle fois il nous faut patienter des heures durant devant l'entrée afin d'être bien placés. Nous avons cette patience et nous nous retrouvons au premier rang.

Les dernières sont toujours un peu tristes, autant pour nous que pour Sylvie et son équipe. Du coup, je n'en garde pas un souvenir lumineux.
Dans la salle, Frieda et Carlos ont fait le déplacement, spécialement de Belgique.

Après une nuit dans un hôtel de la ville, nous allons à la

gare pour notre habituelle revue de presse matinale et quelle n'est pas notre surprise de découvrir, dans le "Courrier Picard" une photo du premier rang avec nous trois en plein milieu.

2001

Décidément, Sylvie n'arrête pas ! Si elle n'est pas sur scène elle est derrière la caméra et pour notre grand bonheur. Quant à **SERGE** il est toujours présent là ou un événement consacre Sylvie.

Saint-Tropez, 21 septembre 2001, Festival de télévision. De retour en France depuis quelques mois, je suis venu voir en avant-première la projection du téléfilm, produit par France 3 : "Mausolée pour une garce". Sylvie est l'une des invitées vedettes de ce festival. Richard, Édouard et moi sommes persuadés que nous allons à nouveau pouvoir rencontrer notre idole.

Cependant, l'actualité dramatique de ce mois de septembre ne joue pas en notre faveur. On apprend qu'une explosion gigantesque vient de détruire tout un quartier de la ville de Toulouse le matin même. Les attentats du 11 septembre ont endeuillé dix jours plus tôt l'Amérique et la plupart des liaisons aériennes sont suspendues.

Toute la matinée, nous espérons, nous voyons beaucoup d'autres vedettes, Carole Bouquet, Brigitte Fossey... je rencontre Dominique Besnehard à qui je parle de mon admiration sans limite pour Sylvie. Je réussis à obtenir des invitations pour assister à la projection du film dans la salle "VIP".

En fin d'après-midi, nous apprenons que, bloquée en Amérique, Sylvie ne viendra pas. Je suis déçu, c'est la première fois que je rate un rendez-vous avec elle.

Elle sera là indirectement cependant, puisqu'avant la projection, elle s'adressera à nous en direct, nous expliquera qu'elle aussi est déçue et aurait souhaité être là...

Il manque à ce livre un témoignage ! Et pas le moindre... Petit il avait un rêve, oui bien sûr, tous les enfants ont des rêves et heureusement. Pourtant certains ne les réalisent pas, **GÉRALD** ne vivait lui, que pour être, coiffeur de stars, et plus particulièrement de Sylvie Vartan.

Il la rencontre à Marseille lors d'un concert et on ne peut pas le "louper", il domine déjà tout le monde, force est montrée qu'il veut déjà toucher du doigt celle qu'il coiffera vingt-cinq ans plus tard. Le reste "Toutes les femmes ont un secret" il ne dévoilera plus rien, mais l'histoire est belle, car le respect appelle le respect !

“Les mots de la fin”

- **ÉDOUARD :** Aujourd’hui, cinq ans se sont écoulés depuis ce 15 mai où j’ai été “reporter d’un jour”. J’ai revu Sylvie à la télévision, j’ai du mal à me dire que la vedette que je vois là sur l’écran est la même personne avec qui j’ai déjeuné un jour à Los Angeles, si naturelle, si spontanée, drôle quand elle parodiait ses propres chansons, “il y a deux filles en elle”, ça, j’en suis convaincu. Je l’ai revue aussi en concert (Olympia 1999) et je suis déjà prêt pour le futur Palais des Congrès, j’aimerai bien la rencontrer à nouveau, lui parler, lui dire que tout m’entraîne... Irrésistiblement vers ELLE !

- **SERGE :** Le retour en force de Sylvie en cette année 2004 est une vraie bouffée de bonheur! Tout ça à la fois! Comment fait-elle pour déployer autant d’énergie? Est-ce sa vie de famille qui la rend aussi rayonnante ou est-ce sa “vie d’artiste” ?

On ne voit qu’elle depuis plusieurs mois, télévision, presse, radio... et j’en suis ravi. J’ai lu son livre de souvenirs, son disque est en bonne place dans ma collection, je ne rate aucun de ses passages à la télévision et je trépigne d’impatience de la revoir sur scène.

Je serai là, comme toujours au second rang...
Je vous donne rendez-vous, Sylvie non pas “En novembre à La Rochelle” mais en septembre au Palais des Congrès, “Bien sûr”, si vous me disiez “Parle-moi de la vie” je vous en parlerais “Encore”, vous savez bien que “Je vivrai pour nous deux”...

- **LILY :** Aujourd’hui je vis ma vie, tranquille, entourée des personnes que j’aime, Christian, nos deux enfants, Estelle et Manuel mais aussi, et pour mon plus grand bonheur, de mes deux petites filles : Manon “Mon Cœur”, âgée de 4 ans et Léa “Mon bébé d’Amour”, âgée de 14 mois.

Mamon a 19 mois et par un concours de circonstance à rencontré la voix de Sylvie, avec le CD "Sylvie chante pour les enfants" mais pour elle ce n'était que sa "Mamily" et rien que sa Mamily qui chantait pour elle.

Elle a eu longtemps du mal à comprendre que cette voix n'était pas la mienne, et heureusement. Des premiers mois de sa vie, je pense qu'elle gardera ce refrain :
"Kouklitchka jolie, Kouklitchka sourit, nani, nani"...

Elle sait maintenant qui chante et me demande souvent :
- Mamily tu peux me mettre Sivie Vartan (sans le L de Sylvie) !
J'espère que ce CD restera longtemps audible, car ils passent en boucle les mercredis, quand je la garde à la maison.

J'ai gardé comme un album de famille un grand nombre des articles de presse paru au début de la carrière de Sylvie. Aujourd'hui, les années passées, je mesure encore plus le "gouffre" qui séparait les jeunes de cette époque et certains journalistes.

Ces lignes écrites pour détruire Sylvie nous visaient aussi et sans nous comprendre. Nous sommes les enfants d'après-guerre, du "baby-boum". L'arrivée, l'ouragan, la lame de fond des années soixante a été pour un grand nombre de jeunes, non pas un mépris des grandes souffrances de nos parents, vécus avec la "Seconde guerre", mais la certitude qu'avec nous et le début d'une éducation stricte mais complice que l'heure était fixée sur l'avenir et avec la conviction de faire de nous des hommes et des femmes respectueux des valeurs familiales, mais sur un rythme différent.

Je n'ai jamais eu, une seconde, honte d'aimer Sylvie Vartan. Que ce soit il y a 42 ans ou aujourd'hui. Sylvie fait partie intégrante de mon adolescence, de ma vie... Elle a bercé

mes tendres années, et sans le savoir, elle m'a donné une certaine ligne de conduite. Peut-être que certaines personnes ne me comprendront pas, mais moi je sais que dans les moments de solitude et de doute de ma jeune vie d'adolescente, c'est souvent vers elle que je me suis tournée. elle a été et reste aujourd'hui mon exemple de femme ou effectivement les mots courage, détermination, liberté, respect et amour conduisent ma vie.
Elle n'est pas la seule "grande rencontre" déterminante de ma vie, mais sûrement la plus importante dans sa longévité.

- **CLAUDINE :** j'aimerais dédier ces quelques pages à toutes les personnes que j'ai rencontré grâce ou à travers Sylvie : certains, hélas, nous ont déjà quittés et ne connaîtront pas la fin de cette histoire. D'autres, que j'ai perdus de vue, mais je suis surtout fière de cette amitié solide et vieille de trente ans que j'entretiens avec Gérald rencontré au Palais des Congrès alors qu'il n'avait que 15 ans et Évelyne, ma fidèle complice de tournée que je vois encore très régulièrement.

Et puis, il y a Stéphane Caron avec qui j'ai fait de nombreux kilomètres en voiture, lors des premières tournées et Jean-Marc Sagnes avec qui j'ai toujours plaisir à discuter, même (et surtout) si nous ne sommes pas toujours d'accord. Salut à vous deux.

Aujourd'hui, mes parents, âgés, ont compris que cet engouement pour Sylvie n'était pas qu'un effet de mode. Comme tout le monde, dans les années 60/70, ils ne la prenaient pas au sérieux et la considéraient un peu comme une "amatrice". Aussi, j'ai été très heureuse (presque comme s'il s'agissait d'une victoire personnelle) quand, récemment, après un passage de Sylvie dans l'émission "double jeu", je les ai entendus en parler avec beaucoup de respect, je me suis dit que décidément Sylvie était devenue une grande dame tant sur le plan professionnel que le plan humain, et j'étais fière de l'avoir choisie comme modèle de grande sœur.

- **NICOLLE :** Quand aujourd'hui, je feuillette mes cahiers photos découpées dans les magazines de l'époque, c'est sûr que j'ai fais sourire mon entourage. Je reconnais que j'ai dû, aussi, lasser plus d'une copine, mais ma vie se passait autour de Sylvie. Mes plus beaux souvenirs restent les concerts de Sylvie, où nous chantions avec elle, les autographes obtenus à la fin des spectacles, comme celui de 1999. Accompagnée de mon mari et d'amis, nous avons attendu Sylvie devant l'entrée des artistes. Elle est apparue mystérieuse, magnifique, et malgré les gardes du corps qui n'étaient pas d'accord pour qu'elle reste au milieu de la foule, elle a gentiment signé tous les programmes qui se tendaient vers elle. A cet instant, je ne sais pas ce qui m'a pris, mais je suis allée vers sa voiture, je lui ai ouvert la portière et les mots sont sortis naturellement : “Je vous aime”. Au moment de partir, elle m'a remerciée avec un grand sourire. Mon mari qui était à côté de moi n'a rien dit, il devait être scotché. Je ne cherche plus à comprendre mon comportement de ce soir là, mais ce dont je suis sûre, c'est que quarante ans sont passés sans que ma passion pour Sylvie soit entachée.

- **CHRISTIAN :** Nous sommes en 2004, j'accompagne toujours Sylvie de disque en tournée, ainsi que par le biais de son association.

Je ne sais pas, et je ne le saurai jamais, pourquoi Sylvie est intervenue pour moi, mais il vaut mieux garder le mystère de cette superbe aventure.

- **MICHEL :** Les années ont passé, je me suis marié, j'ai laissé ma passion en sommeil quelque temps, par respect pour mon épouse, de peur qu'elle ne confonde admiration et amour. J'écoute même très rarement ses disques. Mais ma femme a eu l'intelligence de comprendre cette passion et

c'est elle qui m'a poussé à continuer ma collection d'archives.
À tel point que, lorsque je suis retourné voir Sylvie à l'Olympia en 1996, ce fût en famille, avec ma femme et ma fille, alors âgée de 7 ans, que je n'avais pourtant pas abreuvée des sonorités de mon idole. Ma fille a pleuré quand le rideau s'est ouvert, et pour ça, Sylvie je vous remercie.

- **PASCALE :** Aujourd'hui, je suis respectueuse et émue par le parcours de Sylvie, sa résistance, son "vouloir vivre", sa détermination face aux épreuves. J'aime encore le timbre de la voix, sa manière si personnelle de danser, sa vraie nature de comédienne, son originalité, sa discrétion, son mystère puissant, sa réserve et sa gentillesse. Sylvie se protège, mais Sylvie est vraie. Elle ne se vante pas, elle ne jalouse pas. Sylvie est une personne digne de confiance, entière et fidèle, je l'ai toujours su. J'en ai eu la confirmation en la regardant vivre et travailler. J'ai pleuré devant les images de son retour en Bulgarie, et je salue la vérité et la sincérité qui émanent de son livre. Je ne regrette d'une seule chose, c'est de n'avoir pas pu tisser un lien de femme à femme. Je n'étais qu'une enfant en 1986.

Aujourd'hui, je suis auteur de chansons. La dernière en date existe sur l'album de Michel Sardou "Du plaisir". Puis-je faire un vœu ? Écrire pour Sylvie.

Sylvie, peut-être liras-tu ces lignes, alors je te remercie. J'ai connu des moments inoubliables de ma vie sur cette scène du Palais des Congrès, à tes côtés. Tu m'as porté chance. Ce n'est pas un hasard si du haut de mes six ou sept ans, je t'aimais déjà. Quelque chose m'attendait au bout de ce chemin mes premières grandes émotions de danseuse, un grand amour, une fille merveilleuse et des souvenirs dont je suis fière.

"Riche, je suis riche de tout cet amour que j'ai au fond de moi"... Merci.

- **PAUL :** Et puis d'émotions renouvelées en rendez-vous tant désirés, l'actualité 2004 nous apporte le meilleur de vous, ce livre brut, percutant, bouleversant, et des notes de musique plus légères, parfois si graves aussi, avec votre belle voix suave, celle qui met de l'or sur les jours heureux, qui repousse l'horizon, qui "ouvre le ciel" et nous allège des fardeaux de l'existence, petits ou grands. La légèreté est l'arme essentielle pour affronter la gravité de tant de choses, une petite chanson et nos douleurs s'apaisent et on reprend les armes pour reconquérir le monde, vaincre des montagnes, et rebâtir nos châteaux en Espagne.

J'ai cherché longtemps ce qui faisait écho dans mon cœur à cette présence si touchante de Sylvie dans nos vies, dans la mienne. Je crois que c'est cette dignité, cette permanence, cet attachement aux valeurs fondamentales que sont la fidélité, la sincérité, et ce côté "responsable" du vaillant petit soldat qui traverse le champ de bataille de la vie la fleur au fusil, la tête haute, l'espoir de demain en bandoulière, fredonnant un air qui balance... Chacun a finalement besoin de cultiver ses rêves d'enfant pour rester fort - ou le devenir -. Il ne faut jamais abdiquer sur ce qu'on aime, il faut défendre ses rêves d'enfant plus que tout, rester fidèle à son cœur, suivre les élans de son âme. La vie est difficile, dure, compliquée, violente, triste parfois. Il suffit souvent de trois petites notes de musique, et le ciel ne nettoie, le soleil est là, qu'il ait rendez-vous avec la lune ou pas, et la petite mélodie des jours heureux revient ; car au fond, Sylvie a raison, les mauvais souvenirs laissent le pas aux bons et l'on oublie combien la solitude ou la souffrance nous ont marqués. Le temps glisse sur nous et ne reste que ces sourires liés à tous les moments de bonheur qui ont la couleur et le rythme des chansons de Sylvie, que l'on a aimées, le son de sa voix, et le tourbillon de tous ces instants légers qui ont donné à notre existence la couleur des jours heureux.

- **VÉRONIQUE :** C'est pendant l'Olympia 1999 et la tournée

qui suivit que naquit définitivement le projet d'ouvrir un site internet consacré aux spectacles de Sylvie. Après avoir tant couru les concerts un peu partout, il ne pouvait pas en être autrement et nous en parlions déjà depuis fort longtemps. Les heures de voiture nous ont permis de concrétiser notre dessein, qui a vu le jour en septembre 2003 avec la création du site le plus show:
www.sylvievartanshow.com

Et là, nous avons déjà des fourmis dans les jambes en pensant à la prochaine tournée 2004...

SYLVIE VARTAN CHRONOLOGIE (*)

1944
Naissance de Sylvie Vartan le 15 août à Iskretz, petit village de la montagne bulgare, au nord ouest de Sofia.

1950
M. Georges Vartan, qui était employé par l'Ambassade de France à Sofia est interdit de travail (vraisemblablement parce qu'il refuse de se mettre au service de l'espionnage bulgare), et la famille décide de quitter la Bulgarie.

1952
Après deux ans d'attente, les Vartan reçoivent enfin un visa pour la France. Ils quittent famille, amis. Sylvie a 8 ans. Trois jours de voyage en train, et les voici à Paris, le 24 décembre 1952 au petit matin. Après un bref séjour rue Léopold-Bellan, les quatre membres de la famille s'installent à l'Hôtel d'Angleterre, non loin de la rue Montmartre, dans la petite chambre n° 14. Ils y resteront quatre ans. Sylvie fréquente alors l'école communale de la rue de Jussienne. Elle poursuivra ses études au lycée Victor-Hugo.

1956
La famille déménage dans un appartement de Clichy-sous-Bois, acheté par Monsieur Vartan et payable en 25 ans. Sylvie entre au Lycée du Raincy (lycée pilote mixte, où la discipline est très souple).

1960
Les quatre membres de la famille Vartan retournent habiter Paris, cette fois avenue du Général Bizot, et Sylvie est inscrite au lycée Hélène-Boucher. Contrairement au Lycée du Raincy, une discipline de fer règne dans cet établissement scolaire réservé aux filles (interdiction de porter des bas, des pantalons, d'avoir les jambes nues ou de se maquiller). Sylvie découvre le jazz, les surprises-parties et les premiers disques de Bill Halley et d'Elvis Presley.

1961

Eddie Vartan, trompettiste de jazz, est devenu directeur artistique chez Decca. Il cherche pour Frankie Jordan une voix de fille pour lui donner la réplique dans une chanson. Gillian Hills la chanteuse pressentie s'étant désistée au dernier moment. Sylvie sèche les cours de maths, et enregistre “Panne d'essence”. Quelques mois après, elle signe un contrat chez RCA et monte pour la première fois sur scène à l'Olympia, dans un musicorama de Gilbert Bécaud, puis chante “Panne d'essence” avec Frankie Jordan dans une émission de télévision. Pour sa 2e émission de télévision le 20 décembre 1961 “Discorama” on commence à la surnommer “La collégienne du Twist”. Elle finira l'année à l'Olympia du 26 décembre 1961 au 16 janvier 1962.

1962

Sylvie termine l'Olympia dont la vedette est Vince Taylor, renonce définitivement à son bac et fait la connaissance le soir de la première de Johnny Hallyday. Il lui a envoyé quelques heures auparavant le seul télégramme d'encouragement qu'elle a reçu pour ses débuts ! En juillet, elle part en tournée d'été avec Richard Anthony. À la rentrée, elle est la vedette à l'Olympia d'un spectacle “Les idoles des jeunes” avec Claude François et Little Eva.
Elle chante “Quand le film est triste”, “Le locomotion” et “Tous mes copains”.

1963

4-18 avril : Olympia dans le programme” Les idoles des jeunes” avec Little Eva, Claude François et Lucky Blondo. En mars, tournée avec Johnny Hallyday. En mai, elle tourne en Camargue “D'où viens-tu Johnny ?”. Le premier référendum de *Salut les Copains* la range n° 1 des chanteuses françaises. C'est la première fois (durant 10 ans elle a conservé cette place). 22 juin : pour Sylvie et Johnny, 400 000 jeunes à l'appel d'*Europe 1* prennent d'assaut la Place de la Nation à Paris. Tournée d'été avec Claude François. Un réci-

tal au Cannet se transforme en émeute à cause d'une sono défectueuse. Sylvie se retrouve confrontée au Maire du Cannet à la télévision. Le 15 août elle se fiance officiellement avec Johnny Hallyday à Montreux (Suisse). Elle enregistre pour la première fois aux États-Unis et tourne le film "Cherchez l'idole".
Elle chante "Watching you", "Twiste et chante" et "Si je chante".

1964

Du 16 janvier au 4 février, elle est la vedette à l'Olympia avec les Beatles et Trini Lopez. En mai elle tourne "Patate" d'après la pièce de Marcel Achard avec pour partenaires Danielle Darrieux et Jean Marais. Le journal américain Time et plusieurs magazines européens font de Sylvie la nouvelle idole française. Elle est baptisée *Yeah Yeah Girl* par la revue *Life*. Le 26 mai, elle est l'invitée du célèbre "Tonight show" de Johnny Carson sur la chaîne CBS. À New York, elle chante au Palladium pour le magazine *Glamour*. Du 10 au 14 novembre dans les studios RCA elle enregistre son premier album en anglais "Gift wrapped from Paris". Elle rencontre le réalisateur Jacques Demy, qui lui avoue l'avoir pressentie pour "Les Parapluie de Cherbourg", proposition refusée par l'agent de Sylvie sans qu'elle en eût été informée. En novembre et décembre, plusieurs shows TV aux États-Unis, dont celui d'Ed Sullivan.
Elle chante "La plus belle pour aller danser", "Sha lala" et "L'homme en noir".

1965

Premier tour du monde. Elle chante au Japon, en Amérique du Sud, en Polynésie et aux États-Unis. Premier album sorti aux États-Unis. Le 12 avril, devant 180 photographes et cameramen, elle épouse Johnny Hallyday à Loconville et part en voyage de noces aux Canaries. En octobre elle chante devant la Reine Élizabeth II lors de la Royal Command Performance. Elle tourne avec Johnny un show TV avec Jean-Christophe Averty.

C'est l'année de "Dans tes bras", "Cette lettre-là" et "Quand tu es là".

1966

Le 14 août naissance de son fils David. Septembre, tournée en Turquie. Elle chante "Il y a deux filles en moi", "Ballade pour un sourire" et "Par amour, par pitié".

1967

Janvier: Sylvie est classée chanteuse n° 1 de la Péninsule ibérique. Avril: l'Olympia avec Johnny. Durant l'été, elle tourne un show pour la RAI. Elle crée sa ligne de vêtements "Sylvie". À la fin de l'année, elle est la marraine des Jeux Olympiques de Grenoble où elle crée les uniformes des hôtesses d'accueil. La version italienne de "2 minutes 35 de bonheur" est classée n° 1 dans toute l'Italie.
Elle chante "2 minutes 35 de bonheur", "Deux mains", "Un peu de tendresse" et "Le Kid".

1968

Tournée en Amérique du Sud. Elle chante deux ou trois fois par jour dans des stades de 20000 personnes. La police lâche les chiens pour calmer l'enthousiasme des spectateurs. 8 avril: Musicorama à l'Olympia. Le public et la critique découvrent Sylvie Vartan en meneuse de revue. Elle est en tête du hit-parade en Italie. Décembre 1968, elle est la vedette de l'Olympia trois semaines durant et d'un show TV "Jolie Poupée". Premier accident de voiture: un bras cassé pour Sylvie et le décès de sa meilleure amie Mercedes Calmel.
Elle chante "Comme un garçon", "Irrésistiblement" et "La Maritza".

1969

En Italie elle est la vedette trois semaines de suite d'un show TV Doppia Coppia sur la RAI. Tournée en Italie et en Afrique noire. Tournée en France en juillet-août: 80 galas en 65 jours. Elle fait de la publicité pour les montres Kelton

tandis que des boutiques de mode" Sylvie" s'ouvrent en Belgique, Suisse, Allemagne et en Grèce. En décembre: Sylvie Sacha Show à la télévision.
Elle chante "On a toute besoin d'un homme", "Le Roi David", "Abracadabra" et "Si j'étais Général".

1970
Le 21 février, Sylvie est victime d'un grave accident de voiture avec Johnny alors qu'ils se rendaient à un gala à Besançon. Elle passe sa convalescence à New-York où elle prend des cours de danse avec le chorégraphe de Barbra Streisand, Jojo Smith. Nouveau drame mi-juillet, elle perd son papa. En septembre, elle est la vedette de l'Olympia pour trois semaines à guichets fermés. C'est la toute première fois qu'un spectacle mêlant la musique pop et la danse est présentée à Paris par un artiste français. Jojo Smith en a assuré la chorégraphie et la mise en scène. Ce show est un triomphe, les critiques sont unanimes: une nouvelle Sylvie est née. Elle reçoit l'Oscar du triomphe musical de l'année. En décembre, on la voit à la télévision dans" Sylvissima".
Elle chante "Aime-moi", "J'ai 2 mains, j'ai 2 pieds" et "Mon singe à moi".

1971
Mai, tournée au Japon. Juin-juillet, un film avec François Reichenbach aux États-Unis et au Mexique intitulé "Mon amie Sylvie". Décembre, elle tourne "Malpertuis" sous la direction d'Harry Kumel aux côtés d'Orson Welles, États-unis, Hampshire, Michel Bouquet et Mathieu Carrière.
Elle chante "Loup", "Parle-moi de ta vie" et "Annabelle".

1972
Mai, un show "Top à Sylvie Vartan" à la télévision française. Une grande tournée au Japon où "Caro Mozart", qu'elle a révélé en Italie, est classé plusieurs semaines au hit-parade. Durant l'été, elle prépare sa rentrée à l'Olympia cinq heures de danse par jour à Los Angeles. En septembre,

l'Olympia à guichets fermés pendant trois semaines. Le spectacle est mis en scène par Howard Jeffrey, et Sylvie est habillée par Yves Saint-Laurent. Décembre un deuxième "Top à Sylvie Vartan".
Elle chante "L'heure la plus douce de ma vie", "Mon père" et "Pour lui je reviens".

1973
Juin: elle enregistre en duo avec Johnny Hallyday "J'ai un problème" et "Te tuer d'amour". Juillet-août, tournée avec Johnny, 40 villes, 250 000 spectateurs. Septembre, disque d'or pour "J'ai un problème" n° 1 de l'été. Octobre, tournée au Japon pendant quinze jours. Tous les soirs, les salles affichent complet. Les Carpentier consacrent un "Top à Johnny et Sylvie" à la télévision.
Elle chante "Non, je ne suis plus la même" et "La vie c'est du cinéma".

1974
Le 26 janvier, un grand show à la télévision "Je chante pour Swanee". Il s'agit d'une mini comédie musicale écrite par Jean-Jacques Debout et Roger Dumas. Il sera vendu dans 33 pays. Deux mois de tournée au Japon.
Elle chante "Toi le garçon", "Bye bye Leroy Brown", "L'amour au diapason" et "Da dou ron ron".

1975
Un nouveau show à la télévision au printemps; "Sylvie". Mars-avril-mai, la télévision italienne lui consacre huit shows hebdomadaires intitulés "Punto e Basta". Elle est surnommée "Terromoto" (tremblement de terre). Juillet-août, tournée avec 40 dates au programme. Deux galas exceptionnels à Québec et Montréal avec Johnny devant 30 000 spectateurs. À Narbonne, à l'appel de Radio Monte-Carlo, 45 000 spectateurs assistent au plus grand spectacle de l'été 75: Johnny Hallyday - Sylvie Vartan. Octobre, le Palais des Congrès à Paris. Elle est la première artiste féminine à se produire dans la plus grande salle d'Europe (à

l'époque). La critique est excellente. Le spectacle est mis en scène par Walter Painter qui a chorégraphié les shows d'Elvis Presley. Le plateau a coûté 3 millions de francs, Sylvie change 12 fois de tenue, 150 uniformes sont destinés aux 16 danseurs et 25 musiciens. Tout ça, du jamais vu pour une artiste française. Après 27 représentations, elle reçoit le 100.000e spectateur à qui elle dédicace une affiche. Elle chante "Shang shang a lang", "La drôle de fin" et "Danse-là, chante-là".

1976

Février: le Palais des Congrès... prolongations. Mars: tournée triomphale. En juillet, Sylvie participe au super show à l'occasion du bicentenaire des États-Unis à la Nouvelle-Orléans devant 75 000 spectateurs. En août elle repart en tournée tout comme en novembre.
Elle chante "Qu'est-ce qui fait pleurer les blondes?" et "L'amour c'est comme les bateaux".

1977

Été: une grande tournée. 10 septembre, Maritie et Gilbert Carpentier lui consacrent un show télévisé écrit par Jean-Claude Brialy avec Marie-Paule Belle, Carlos, Michel Sardou... "Dancing star". 7 octobre - 9 novembre: nouveau spectacle au Palais des Congrès. La photo de l'affiche est de Helmut Newton. Le spectacle est mis en scène par Claude Thompson, les costumes de Bob Mackie et Michel Fresnay.
Elle chante "Le temps du swing", "Georges" et "Petit rainbow".

1978

Tournée au Japon. Mars, suite du Palais des Congrès 77, Sylvie y donne dix représentations exceptionnelles. Les enfants du roi du Maroc font le voyage afin d'applaudir leur idole à Paris. Au printemps, elle part deux mois pour une tournée européenne puis revient en France pour une tournée d'été. 13 août, gala dans les Arènes de Béziers où

Sylvie et Johnny sont réunis. Elle obtient la première place du référendum Salut.
Elle chante “Disco queen”, “Solitude”, “Je chante encore l’amour” et “Jours après jours”.

1979

Sortie de l’album “I don’t want the night to end” entièrement en anglais. Les arrangements sont signés Michel Colombier et à la guitare Lee Ritenow qui avait participé à l’album “The Wall” des Pink Floyd. Premier clip pour “I don’t want the night end”. Une grande tournée d’été (quarante-et-une villes). Elle participe au Téléthon américain avec Jerry Lewis et reçoit à Rome le trophée “The best” de la femme la plus élégante du monde.
Elle chante “Nicolas”, “Merveilleusement désenchantée”, “I don’t want the night to end” et “Pure love”.

1980

Elle obtient le meilleur audimat de l’année avec 51 % de téléspectateurs pour son “Palmarès 80” sur Antenne 2. Juillet-août, tournée d’été. Deux galas exceptionnels avec Johnny, l’un à Orange, l’autre à Béziers. Elle participe à un gala devant plus de 300 000 personnes lors de la cérémonie du bicentenaire de Los Angeles. Sylvie et Johnny divorcent le 4 novembre. Sylvie participe au conte musical de Philippe Chatel : “Émilie Jolie” avec de nombreux autres artistes.
Elle chante “Tape-tape”, “Jerry”,” La chanson au brouillon”, “Can’t stop dancing”, “Heartache tonight”.

1981

Avril, elle préside le Tokyo music festival et y rencontre un certain Tony Scotti... Du 23 novembre au 3 janvier, elle est à l’affiche du Palais des Sports. Après plusieurs mois de répétition et de préparation, le show est un véritable triomphe. Ce spectacle est mis en scène par Claude Thompson et les costumes sont signés Bob Mackie et Christian Dior. Elle écrit un livre autobiographique “Si je

chante", ouvre à Paris une école de danse et le magazine Salut lui décerne son love d'or.
Elle chante "L'amour c'est comme une cigarette", "Orient express", et "Aimer".

1982
Le 3 janvier, dernière représentation au Palais des Sports. Elle part en tournée à travers la France jusqu'au printemps. Grande tournée d'été. 9-11 décembre, Sylvie se produit au MGM Grand Hôtel de Las Vegas, parrainée par Gene Kelly, à raison de deux spectacles par soir. On présente Sylvie comme "le plus beau cadeau de la France après la statue de la liberté".
Elle chante "La sortie de secours", "Manana tomorrow", "Marathon woman" et "UCLA".

1983
En mars, grande tournée au Japon et en mai, Sylvie se produit pour quelques soirs sur la scène du Beverly Theater de Los Angeles. Durant l'été, Sylvie enregistre trois duos avec Michel Sardou. Le titre "La première fois" est un des tubes de l'été. À la rentrée, Sylvie nous offre un nouvel album "Danse ta vie", dont le titre phare est l'adaptation française du générique du film "Flashdance". Elle débute son nouveau show triomphal au Palais des Congrès pour quatorze semaines d'affilée suivi d'une grande tournée en France, Belgique et Suisse, soit 95 représentations. Dans ce spectacle mis en scène par Claude Thompson, on découvre une Sylvie tour à tour rockeuse, émouvante, hispanisante et même actrice comique. Sylvie y est habillée somptueusement par Marc Bohan pour Christian Dior et Bob Mackie.
Elle chante toutes ses nouvelles chansons "Danse ta vie", "Déprime", "Novembre à la Rochelle", "Encore" et "Le dimanche".

1984
En avril, Sylvie présente son show du Palais des Congrès au Japon lors d'une grande tournée. Elle ouvre à Tokyo et

Osaka deux studios de danse. Le 2 juin, elle dit "oui" à Tony Scotti pour ce mariage célébré dans leur nouvelle demeure de Beverly Hills. Elle débute sa tournée d'été au Sands Hôtel d'Atlantic City où elle se produit durant une semaine. Elle y tourne le clip de la chanson "Déclare l'amour comme la guerre", tirée de son album qui sortira en fin d'année. La tournée d'été a réuni près de 68 000 spectateurs, soit une moyenne par gala de 4 000 spectateurs et une pointe à 11 000 personnes pour la dernière à Bergerac. Le 3 septembre, Sylvie fête son 20 millionnième disque vendu dans le monde entier en vingt-trois ans de carrière. Du 23 au 30 novembre 1984, tournée au Brésil. Elle enregistre avec John Denver un duo intitulé "Love again" classé dans tous les hit-parades. Elle fête ses 20 ans de carrière chez Maxim's. En décembre, son nouvel album "Des heures de désir" est dans les bacs.
Elle chante "Des heures de désir", "Déclare l'amour comme la guerre" et "En direct".

1985

Sortie du troisième album en anglais de Sylvie "Made in États-Unis", album très rock produit par l'arrangeur du groupe Kiss. On y découvre une Sylvie new look et très californienne... Elle fait un véritable "Marathon Woman" dans toute l'Europe, du Sud au Nord, de l'Est à l'Ouest jusqu'au Japon pour en faire la promotion. Elle participe aux Oscars de la mode à Paris où elle représente la Maison Christian Dior au côté de Marc Bohan. Elle participe également aux premières Victoires de la musique. Sylvie est la vedette de la campagne de lancement de Coca-Cola light au Japon où elle réalise un spot publicitaire, une campagne d'affichage et une grande soirée "Shape up party" où elle chante toutes ses nouvelles chansons.

Sylvie sort également son "Beauty book", un livre sur la forme et la beauté, best-seller en quelques semaines.
Elle chante "Double exposure", "One shot lover" et "If you walk away".

1986

Sortie de l'album "Virage" qui sera le dernier de Sylvie chez RCA qu'elle quitte après 25 ans de bons et loyaux services. Elle reçoit à New-York des mains de Bob Summer, pdg de RCA, un trophée couronnant 20 millions de disques vendus dans le monde, ce qui en fait la plus grosse vendeuse de disque chez RCA après... Elvis Presley!
Elle chante "Rien à faire", "En 42" et "Tu n'as rien compris".

1987

Sylvie décide de se faire plus rare cette année. Elle sort toutefois un nouveau 45 tours "Femme sous influence" et reçoit des mains de François Léotard, ministre de la Culture, le titre de chevalier de l'Ordre national du mérite.

1988

Année relativement calme pour Sylvie qui en profite pour réenregistrer une nouvelle version de "La plus belle pour aller danser" et de "Irrésistiblement", pour le Japon. Elle participe au concert pré-olympique des JO de Séoul en été et participe à plusieurs émissions de télévisions en Italie et au Japon notamment.

1989

Après trois ans d'absence discographique, Sylvie nous revient avec un nouvel album "Confidanses" et un premier single "C'est fatal" clipé par Lydie Callier. Beaucoup de promotion en radio et télévision pour cet album jusqu'à la fin de l'année. Elle annonce son possible retour sur la scène du Palais des Sports pour le début 1991.
Elle chante "C'est fatal", "Il pleut sur London" et "Bordeaux-San Francisco".

1990

Sylvie tourne le clip de "Il pleut sur London" et participe à de nombreuses émissions de télévision en France, Italie et Espagne. Elle sort en Italie la version italienne de "C'est fatal" qui devient "E fatale". En mai, elle est la vedette d'un "Champs-Élysées spécial" à Grenoble, et participe au Festival de San Remo en Italie. Le 10 octobre, elle fait son retour sur scène à Sofia, en Bulgarie, après 40 ans d'exil devant 5 000 personnes en larmes. Elle chante pour la première fois en bulgare. Ce concert unique est le plus émouvant que Sylvie n'ait jamais présenté, fait l'objet d'une émission spéciale de Noël réalisée par les Carpentiers pour France 2 et d'un reportage du magazine "Envoyé spécial". Elle chante "Libertés", "Imagine", "Le soleil a rendez-vous avec la lune" et "Moya Goro".

1991
En janvier, elle présente son nouveau show "Je vous salue Paris", en pleine guerre du Golfe, pendant trois semaines au Palais des Sports dans un décor de hangar désaffecté. Le spectacle est mis en scène et chorégraphié par Jerry Evans (Paula Abdul, MTV). Les tenues sont signées Christian Dior, Mine Vergès, Paco Rabanne. Sur scène, Sylvie est accompagnée par 14 musiciens et 10 danseuses. En février, "Quand tu es là" est classé au Top 50. En mai, Sylvie est au Festival de Cannes et participe à différentes émissions de télévision en France, Italie et Espagne.
Elle chante ses nouvelles chansons : "Quand tu es là", "Les enfants s'en vont" et "Dancing in the street".

1992
En juin-juillet, deux semaines de tournée triomphale au Japon où elle présente son spectacle du Palais des Sports dans une version un peu différente. Elle enregistre pour l'automne un nouvel album "Vent d'Ouest". Elle tourne, sous la direction d'Isabelle Issermann, un clip pour la chanson "Sui tu es". En décembre, plusieurs télévisions pour la promotion du nouvel album. Laurent Boyer lui consacre un "Fréquenstar" très émouvant.
Elle chante "Qui tu es", "Bario Chino" et "Les aventures à l'eau".

1993

En juin, Sylvie chante a capella trois soirs devant 60 000 personnes au Parc des Princes pour les 50 ans de Johnny Hallyday. Elle chante “Tes tendres années” et en duo “Le feu” et “Je veux te graver dans ma vie”. En septembre, la chanson est classée parmi les meilleures ventes de disques en France. Août-septembre, elle tourne à Bordeaux, sous la direction de Jean-Claude Brisseau, “l’Ange Noir”, aux côtés de Tcheky Cario et Michel Piccoli.
En novembre, elle enregistre certaines anciennes chansons en version acoustiques sous la direction de Philippe Delettrez.

1994

En février, spécial Sylvie Vartan dans l’émission Taratata. Elle réalise un des meilleurs score d’audience de l’émission. Elle chante : “Moi je pense encore à toi”, “Let the sunshine in” et “Cette lettre-là”. En mai, elle participe au festival de Cannes et fête, en juin, ses 10 ans de mariage avec Tony Scotti. Elle tourne une émission spéciale “Sylvie sa vie” pour Canal +. En novembre, sortie du film “l’Ange Noir” de Jean-Claude Brisseau. Les critiques sont unanimes, une nouvelle comédienne est née. Elle prépare sa rentrée au Casino de Paris pour le début de l’année.

1995

Elle sort un nouvel album “Sylvie Vartan” avec des chansons que lui a composé Étienne Daho. En janvier-février, elle chante trois semaines à guichets fermés au Casino de paris. Le spectacle est mis en scène par Walter Painter. Les tenues de scène sont signées Christian Dior. Mars-avril, tournée triomphale en France, Suisse et Belgique. En mai, elle devient grand-mère après la naissance de la fille de David et Estelle qui se prénomme Ilona en hommage à la maman de Sylvie.
En juin, elle préside le Festival du film français de Yokohama où est présenté “l’Ange Noir”. Octobre, sortie de

l'album et de la vidéo du Casino de Paris. En décembre, RCA-BMG sort l'intégrale studio de 1961 à 1986, soit 500 chansons sur 21 CD, ainsi qu'une compilation "L'essentiel". Elle enregistre plusieurs émissions de télévision pour la fin de l'année.
Elle chante ses nouvelles chansons : "Quelqu'un qui m'ressemble" et "te quitter comme ça".

1996

Début septembre sort l'album "Toutes les femmes ont un secret" avec des compositions de Yves Simon, Richard Cocciante, Luc Plamondon, Jean-Louis Murat et Marc Morgan notamment. Sylvie a écrit également deux titres. Un mois après sa sortie, 70 000 copies sont déjà vendues. Un clip tourné à Los Angeles par Lydie Callier illustre le premier extrait de cet album "Je n'aime encore que toi". Elle participe à plusieurs shows TV dont un spécial Taratata.
Un livre retraçant toute la carrière de Sylvie est édité aux Éditions Vade Retro et écrit par Camillo Daccache et Isabel Salmon comportant 500 photos dont 200 inédites et un CD de 9 titres des chansons préférées de Sylvie.
Le 15 octobre, elle présente son nouveau show à l'Olympia devant le tout-Paris. Les chorégraphies et la mise en scène sont de Walter Painter et Sylvie est habillée par Christian Dior et Bob Mackie. Elle se produit trois semaines à guichets fermés, on joue même les prolongations, puis tournée triomphale à travers la France, la Suisse et la Belgique jusqu'au 7 décembre.
Elle chante toutes ses nouvelles chansons : "Je n'aime encore que toi", "Back to L.A.", "Toutes les femmes ont un secret" et "P'tit bateau".

1997

Le 11 juillet, elle donne le coup d'envoi de sa grande tournée d'été au Sporting Club de Monte-Carlo pour le gala de la SPA monégasque où elle se produit trois soirs. Elle chante devant la famille princière et devant de nombreuses stars internationales. Le premier août, elle est à Montréal dans le cadre des Francofolies. Après vingt-trois ans d'absence au Canada, son retour est un triomphe. Elle termine cette tournée à Vittel, le 14 août. Mi-septembre, le disque et la vidéo du spectacle de l'Olympia 1996 sont distribués. Un album de chansons spécialement conçu pour les enfants sort à la mi-novembre.

1998

Sylvie et Tony présentent Darina, la petite fille bulgare que le couple vient d'adopter. Durant l'été, Sylvie enregistre deux nouveaux albums et prépare son grand show télévisé. En octobre, sortie de l'album “Sensible” avec des chansons de David Hallyday, Didier Barbelivien, Jay Alansky, Marc Lavoine, Michel Mallory, etc.

Le 24 octobre, France 2 diffuse le show “Irrésistiblement Sylvie” qui fait le meilleur score d'audience de la chaîne depuis huit mois. Sylvie y interprète de nombreux duos avec Johnny Hallyday, Axelle Red, Étienne Daho, Richard Cocciante, etc.

En novembre, sortie du coffret “Sylvie chante pour les enfants”. Elle reçoit des mains de Jacques Chirac, président de la République, la légion d'honneur.

1999

En juin, Sylvie se produit une semaine dans le music-hall de Tokyo à raison de deux spectacles par soir. Tout l'été elle prépare activement à Los Angeles son grand spectacle de la rentrée : “Tour de siècle”. Ce show est mis en scène par Walter Painter et Sylvie est habillée pour la première fois à la scène par Jean-Paul Gaultier.

Elle se produit trois semaines à l'Olympia à guichets fermés puis part à travers la France, la Suisse et la Belgique en tournée jusqu'à mi-décembre. Pour ce show qui retrace un siècle de chanson, on découvre une Sylvie meneuse de revue dans la plus grande tradition du music-hall.

Elle chante ses nouvelles chansons : “Sensible”, “Darina” et “Ma vérité”.

2000

Entre un aller-retour Paris-Los Angeles pour la mise au point et le tournage de séquences du DVD "Tour de siècle", Sylvie prépare son show télévisé du printemps sur TF1.
5,4 millions de téléspectateurs pour "Qu'est-ce qui fait rêver Sylvie?" où elle chante pour la première fois avec Patricia Kaas, Alain Souchon et son fils David, donne la réplique à Pierre Palmade et chante dans le temple de Ramsès II à Louxor.
Dans la foulée, le DVD et le CD de "Tour de siècle" sont dans les bacs.

2001

Après un rapide passage au Festival de Cannes, Sylvie s'envole en début d'été à Lisbonne pour tourner son premier téléfilm pour France 3, "Mausolée pour une garce" d'après le roman de Frédéric Dard avec comme partenaires Francis Huster et Jacques Weber. Pendant le tournage, le sort frappe Sylvie de plein cœur puisque son frère Eddie disparaît brutalement durant le mois de juillet après une longue maladie. Les événements du 11 septembre 2001 à New-York empêcheront Sylvie de se rendre au Festival du film de télévision à Saint-Tropez où elle était invitée pour la projection du téléfilm en ouverture du Festival. Elle est bloquée à L.A. et aucun avion ne décolle de l'ensemble du territoire américain. Le téléfilm est diffusé en novembre et obtient un beau succès tant au niveau de la critique qu'en matière d'audimat. Sylvie ne fera qu'une apparition télévisée dans l'émission "On ne peut pas plaire à tout le monde".

2002

Année relativement calme au niveau artistique. Début juillet, Sylvie préside comme chaque année l'assemblée générale de son association pour la Bulgarie dans les locaux de l'ambassade de Bulgarie à Paris. Cette année marque les dix ans d'existence de cette association. En décembre, Universal sort un magnifique long box comprenant trois CDS couvrant les quinze années de collaboration de Sylvie avec sa maison de disque. Dans la foulée, elle annonce tous ses projets : un nouvel album pour 2003, un grand show au Palais des Congrès à Paris en septembre 2004 ainsi qu'une exposition de ses robes de scène au profit de son association.

2003
Ouverture du site SylvieVartanShow.com le 1er septembre... c'est un gros succès. Les locations pour le spectacle du Palais des Congrès ont ouvert mi-octobre.

2004
Lancement de la campagne d'affichage pour le Palais des Congrès dans Paris le 1er mars. Sortie du nouvel album le 6 avril, des mémoires de Sylvie "Entre l'ombre et la lumière" le 5 avril, de l'intégrale live en septembre. Sylvie sera au Palais des Congrès du 28 septembre au 10 octobre dans un grand show mis en scène par Walter Painter. À partir du 15 octobre : exposition d'une centaine de costumes de scène au Musée de la Mode (Palais Galliera).

(*)= Sources du site : www.sylvievartanshow.com

Bibliographie des ouvrages les plus récents :
Sylvie Vartan, "Entre l'ombre et la lumière", Ed. Xo, Paris, mars 2004.
Emmanuel Bonini, Sylvie Vartan "Le feu sous la glace", Ed. Flammarion, Paris, mars 2004.
Christian et Eric Cazalot, Sylvie Vartan "Une fille de l'Est", Ed. Portrait-Music Book, Paris, août 2003.

Un grand merci aux auteurs des photos prêtées et issues de leur collection personnelle.

Cahier noir et blanc :

Pages I, II, III, IV, V (en haut),
VI, VII (en haut) : Liliane Boyer
Pages V (en bas), VIII, IX, X, XIV : Patrick Levanneur
Pages VII (en bas), XI, XII : Claudine Levanneur
Pages XII (en haut), XIII : Serge Genillier
Page XVI : Pascale Schembri
Page XV : Pierre et Gilles pour Gérald

Cahier couleur :

Pages I, X, XI, XIV (en haut), XV (en haut),
XVI : Véronique Spinosi
Page II (en bas), IV (en haut) : Claudine Levanneur
Pages II (en haut), III, V (en haut à gauche et en bas),
VII, VIII, IX (en haut) : Patrick Levanneur
Pages IV (en bas), V (en haut à droite) : Michel Pano
Page VI (en bas) Jean de Cock
Page IX (en bas) : Pascale Schembri
Page XII (en bas) : Christian Drouin
Pages VI, XII (au milieu), Serge Genillier
Pages XII (en haut), XIII : Édouard Gonzalez
Page XIV (en bas) : Liliane Boyer
Page XV (en bas) : Daniel Millet

Couverture
Recto : Patrick Levanneur
Verso : Liliane Boyer

NOS TENDRES ANNÉES
avec
SYLVIE VARTAN

Editions Les Etannets
10, place du Parc-aux-Charrettes - 95300 PONTOISE
ISBN : 2-910450-11-2

Achevé d'imprimer par
CORLET - Imprimeur SA
N° d'imprimeur : 79882
Dépôt légal : septembre 2004